JN431856

현대 사회와 인문학적 상상력 II

서강대학교 국제지역문화원
인문세미나 교재개발위원회

서강대학교 출판부

발 간 사

이 책은 서강대학교 국제지역문화원이 주관하고 있는 서강대 문학부의 필수 강좌인 '현대인문세미나' 강좌를 위해 발간되는 교재로, 이미 발간된『현대 사회와 인문학적 상상력 1』의 뒤를 잇는 책이다. 인문학을 전공하는 학생들에게 현대 사회와 문화에 대한 폭넓고도 심도 있는 이해의 발판을 제공하기 위해 발간되는 이 책은, 1권과 마찬가지로 우리의 정치 현실에 관한 진단에서부터 그동안 우리가 멀리했던 동양의 고전에 대한 새로운 독법의 제시, 그리고 언어학과 역사학 및 기호학에 대한 새로운 이해의 필요성을 제시한 글들, 그리고 더 나아가 최근 우리 사회에서 문제가 되고 있는 '촛불' 문화에 대한 분석에 이르기까지 다양한 글들을 수록하고 있다.

1권에 부친 발간사에서도 밝혔듯이, 오늘날 인문학이 위기에 처하게 된 원인 중 하나는 인문학이 인간과 사회에 대한 종합적이고도 깊이 있는 이해를 지향해야 함에도 불구하고, 좁은 의미의 분과 학문으로 나뉘어 사회가 요구하는 종합적 전망을 제공하지 못했기 때문이다. 그런 의미에서 근자에 이르러 '통섭' 혹은 '통합'이라는 이름으로 인문학의 경계를 넘어서는 종합적인 전망의 필요성이 많은 공감을 얻고 있는 것은 아주 다행스러운 현상이며, 앞으로도 이런 학문적 지향은 계속되어야 하리라고 믿는다.

비록 2년밖에 되지 않았지만, 보편적 인문 가치의 함양이라는 목적 아래 우리가 시도하고 있는 새로운 인문학 교육 모델은 어느 정도 그 자체의 효율성을 인정받았다고 생각한다. 그러나 한편으로 제도화되어 있는 역동적인 프로그램의 운영과 해외 연수를 연동시킴으로써 교육의 효과를 극대화하고자 하는 이 프로그램은 여러 측면에서 보다 정치하게 다듬어질 필요가 여전히 존재한다.

전공을 불문하고 학생들에게 일정한 문제 제기를 할 수 있도록 다양한 접근법을 몸소 실천해주신 필자들에게 이 자리를 빌려 감사의 말씀을 드린다. 모쪼록 이 책이 이미 발간된 첫째 권과 더불어 현실과 세상에 대한 이해를 증진시키는 디딤돌이 되기를 바란다. 1권과 마찬가지로 이 책 또한 2007년도 교육부의 수도권 대학 특성화 지원 사업의 지원을 받아 간행되었음을 밝히며, 서강대학교 국제지역문화원은 앞으로도 이와 같은 학제적 접근을 시도하는 다양한 교재 개발에 힘쓸 것을 약속드린다.

서강대학교 국제지역문화원 현대인문세미나 편찬위원회

차 례

한자는 왜 표음문자(表音文字)로 변하지 않았나?

류동춘

중국문화학

들어가기

현재 밝혀진 오래된 문자들은 모두 그림에서 기원했다는 것이 일반적인 견해이다. 원시적인 그림이 점차 발전하여 예술 영역의 그림과 실용 영역의 문자로 분화하였다는 것이다. 이것이 소위 문자의 상형기원설(象形起源說)이다. 세계 각지에서 발견된 고대 문자들이 모두 이런 견해의 타당성을 증명하고 있으며, 한자의 고문자 자형에서도 우리는 이러한 사실을 확인할 수 있다.[1]

그리고 현재 밝혀진 자료에 의하면, 소위 세계 3대 원시 문자라는 설형문자(楔形文字), 이집트 상형문자(象形文字)와 갑골문(甲骨文)에 모두 공통적으로 표의자(表意字)와 가차자(假借字), 형성자(形聲字)가 보인다.[2] 설형문자와 이집트 상형문자는 이미 상당한 체계를 갖춘 후의 자료이기 때문에 세 가지 기본 유형이 어떤 순서로 발전했는지는 고증하기 어렵지만, 한자와 같은 경로를 거치지 않았을까 추정할 수 있다. 한자의 경우 발굴 자료와 전승 문헌 등을 통해 볼 때, 상형을 위주로 한 표의자 단계에서 가차의 단계, 그리고 형성자의 단계로 변화했음을 알 수 있다. 이런 한자의 변화 과정에서 가차의 출현은 한자 변화의 이정표라 할 수 있다. 가차는 한자 체계가 이전의 원시적인 형의문자(形意文字) 단계에서 완벽하게 언어를 표기하는 의음문자(意音文字) 단계로 발전하는 데 중요한 역할을 수행

---

1 상형 이외에도 분량이 많지는 않지만 匋文 등에 보이는 原始 刻劃符號의 指事符號 또한 한자의 또 다른 기원임을 부정할 수 없다.

2 문자 기본 유형의 분류에 관해서는 裘錫圭(1988)의 견해를 따른다. 설형문자와 이집트 상형문자에 세 가지 구성 요소가 존재한다는 견해에 대하여 오문의(1998), 조르주 장(1995), 앨버틴 가우어(1996)에서 모두 동의하고 있다.

하였다.[3] 가차를 통해서 비로소 한자는 중국어를 충실하게 기록할 수 있었다. 즉 이 시기의 상형(象形)·지사(指事)·회의(會意)로 만들어진 글자는 이미 중국어 발음에 나타나는 4백여 개의 음절을 모두 표시할 수 있었기 때문에, 만들기 어렵거나 불가능한 글자는 기존의 글자 가운데 발음이 같은 동음자(同音字)를 빌려 표기하면 되었다. 그러나 긴 한자의 역사에서 가차는 비록 형의문자 시기에 출현하여 표의자의 한계를 극복하게 하여 한자의 기록 기능을 강화하였지만, 다른 원시 문자처럼 한자를 표음문자(表音文字)로 변화시키지 못하고 곧바로 형성(形聲)에 자리를 내주었다. 이후로도 가차는 표의자나 형성자에 붙어서 각각의 구형 유형(構形類型)[4]이 곤란을 겪을 때, 일종의 임시방편적인 보조 방법으로서의 역할만을 담당했었다. 그렇다면 한자는 왜 가차 단계에서 완전히 표음문자로 변하지 않고 형성으로의 변화를 선택했는지 그 원인을 살펴보도록 하자.

설형문자와 이집트 상형문자의 변천 과정

한자와 같이 그림에서 기원한 설형문자와 이집트 상형문자는 후에 서로 다른 경로를 거쳐 현재 출발 당시와는 전혀 다른 모습의 표음문자 체계

3 문자 체계의 분류는 周有光(1988: 35)은 形意, 意音, 音節, 輔音, 音素文字로 나누었지만, 각각 체계의 특성에 따라, 音節, 輔音, 音素文字는 表音文字로 묶을 수 있다. 따라서 여기에서는 문자 체계를 形意, 意音, 表音文字의 세 종류로 나눈다. 형의문자는 글자의 자형을 통해서 의미를 직접적으로 표시하고, 의음문자는 의미부와 소리부가 단독으로 혹은 결합하여 의미와 발음을 나타내고, 표음문자는 의미와 관계없이 문자는 단순히 발음을 표기하는 부호의 역할만 수행한다.

4 상형, 지사, 회의, 형성처럼 한자의 형체가 어떤 구조로 만들어졌는가를 가리키는 용어를 구형 유형이라 한다.

를 형성하고 있다고 알려져 있다. 그러나 설형문자와 이집트 상형문자의 변화 경로를 살펴보면, 문자 체계 내의 자체 변화라기보다는 이민족이나 다른 언어에 전파되어 변화된 것이다. 즉, 메소포타미아 지역의 설형문자는 5500년 전에 수메르인에 의해 만들어져, 티그리스 강과 유프라테스 강 유역에서 천여 년 사용되다가, 후에 아카드인에 의하여 5백여 년 동안 아카드어를 기록하는 데 사용되었다. 다시 5백여 년의 혼란기를 거쳐 기원전 19~18세기에 바빌론 왕조하에서 바빌론어의 기록을 위하여 형성화되어 기본 부호가 대폭 감소하였으며, 기원전 14세기부터 기원전 7세기까지의 아시리아 제국에서는 아시리아어의 기록을 위하여 기본 부호가 더 감소되고, 표음부호도 음절화(音節化)되는 경향을 보였다. 후에 설형문자는 다시 아람(Aram)족에게 전파되었으며 기원전 6세기에는 113개의 부호로 대폭 간화(簡化)된 신아람 문자가 되었는데, 이 가운데 80개가 음절 자모로 변화했다. 마지막으로, 페르시아 제국에 전해져 가장 큰 변화를 겪으면서 41개의 부호만 사용하게 되었다. 이 41개의 부호는 네 개의 표의부호(王, 州, 國, 神) 이외에는 모두 음절 자모와 음소 자모이다. 또 이집트 상형문자는 기원전 31세기에 이미 성숙된 의음문자의 형태로 출현하였다. 설형문자보다 표음부호가 발달하여 홑자음 부호 30개와 겹자음 부호 75개를 분석해낼 수 있지만, 이 자음들은 반드시 표의부호나 한정부호[5]와 결합해서 형성자 형태를 만들어야지 단독으로는 사용할 수 없었다.[6]

이 상형자가 남쪽의 메로에(Meroe)족에게 전해지고, 기원전 2세기에 메로에가 독립하면서 기존의 상형자를 간화하여 자모를 만들어 23개의

---

5 문맥 속에서 한 기호가 구체적으로 어떤 대상이나 사물을 지적하는 것인지 알려주는 부호를 한정부호라 한다.

6 조르주 장(1995: 27~28).

부호를 사용하는 표음문자를 만들었다. 그리고 고이집트어의 후예인 콥트어(Coptic)에서는 32개의 자모를 사용하는데, 25개는 희랍 자모를 차용한 것이고, 7개는 이집트 상형문자의 평민체에서 가져온 것이다. 그러나 콥트어는 14세기에 소멸되었다.

일반적으로 위의 두 고대 문자가 현재 대표적인 자모 문자인 알파벳 문자의 기원이라고 알고 있지만, 사실 알파벳 자모의 정확한 조성 경로는 알 수 없다. 다만 레바논에서 발견된, 현재까지 발굴된 가장 이른 시기의 알파벳 자모가 새겨진 기원전 1100년 전의 것으로 추정되는 비석을 통해 그 시기 이 지역에 살던 페니키아인이 지중해를 중심으로 무역 거래를 하면서 장부를 적는 데 사용하기 위하여 설형문자나 이집트 상형문자의 자형을 참고해 간단한 알파벳 자모를 만들었을 것으로 추정하고 있을 뿐이다. 따라서 알파벳 자모의 기원을 이집트 상형문자나 메소포타미아 설형문자라고 말하기보다는, 알파벳 자모는 이들 글자의 모양을 빌려 표음부호로 사용했다고 표현하는 것이 더 정확할 것이다. 이 두 고대 문자는 한자처럼 소수 귀족층에 의해 독점되고, 신성한 것으로 여겨져 오랜 기간 동안 변화하지 않았고, 자체적으로 자모를 만들려는 시도도 하지 않았다.

알파벳 자모는 고대 서양의 상형문자가 다른 민족에게 차용되어, 다른 언어 체계를 기록하기 위하여 표음부호화된 것이므로, 알파벳 자모와 중국의 한자를 비교하는 것은 한자가 왜 표음의 길을 가지 않았는가에 대한 해답을 줄 수 없다. 오히려 다른 두 고대 문자가 거쳤던 경로처럼, 한자는 형의문자에서 변화하여 의음문자로 남아 있는 것이다. 한자를 의음문자로 규정하는 것은 현재 한자의 대부분이 형성법에 의하여 조자(造字)되었기 때문이다. 그렇다면 한자는 형의문자에서 어떤 과정을 거쳐 현재의 의음문자로 변화하였을까?

한자 체계 구형 유형의 변화 과정

일반적으로는 표의문자(表意文字)가 앞서고 표음문자가 뒤에 출현하기 때문에, 상형·지사·회의 등 표의(表意) 형태의 구조가 앞서고, 반표음 반표의의 형성 구조가 그다음에, 그리고 마지막으로 완전한 표음인 가차의 방법이 출현했을 것이라고 생각할 수 있다. 하지만 실제 문자 자료에서 드러나는 현상은 이와 같지 않다. 표의 형태가 앞서는 것은 사실이지만, 가차의 방법이 형성보다 먼저 출현하였고, 형성법은 가차의 바탕에서 성립된 것이다. 아래에서 구형 유형을 한자 체계에서 출현한 순서대로 살펴보기로 한다.

1. 표의자(表意字)

중국 문자의 모태인 상형자는 사물의 외형을 직관적으로 묘사하는 방법인데, 이런 정태적인 부호 체계는 여러 객관 대상물의 본질적인 특징에 대한 관찰을 통해서 차별적인 특징을 선택하여 묘사한다. 이런 상형의 기초에서 문자의 형체 표현 방법에 변화를 주어 지사와 회의 방법을 응용하게 된다.

지사는 한자가 구체적인 형태에서 추상으로 가는 과정이다. 이는 사실을 그리는 상형의 한계를 극복하고, 회의 방법을 연결하는 고리로서, 추상부호로 의미를 표시하는 것(一·二·三), 상형에다 부호를 첨가하여 새 개념을 표시하는 것(朱·本·末), 상형자의 변형으로 의미를 표시하는 것(尸)이다.

회의는 동태적인 상징부호로서 두 개 혹은 여러 개의 상징부호를 조합하여 추상적인 새로운 의미를 표현하는 것이다. 회의자도 여러 가지 조성 방식이 있다. 어떤 회의자는 몇 개의 동일한 형상으로 이루어지는데 이러한 형상은 병렬되기(林·竝)도 하고, 중첩되기(多)도 하며, 어떤 것은 방향이 같고(從) 어떤 것은 방향이 상반(北)된다. 이외에 몇 개의 상이한 형상으로 이루어진 회의자도 적지 않다(休·信).

2. 가차자(假借字)

표의자로는 보통명사와 동사 등은 비교적 쉽게 나타낼 수 있지만, 내용이 추상적인 형용사나 추상명사 등은 표현하기 곤란하다. 또 시각적으로 구별할 수 있는 사물이라 할지라도 구별 대상이 너무 세밀하거나 규모가 큰 경우에도 마찬가지로 표시할 수 없다.

따라서 이러한 표의자의 한계를 극복하고자 사람들이 생각해낸 것이 가차의 방법이다. 가차법의 근거는 다음과 같다. 표의의 방법에 의하여 만들어진 문자가 단음절어와 연계되었을 때, 이 문자는 음과 의미를 모두 담게 된다. 즉 단어를 나타내므로 단어의 의미와 발음을 모두 표시한다. 글자는 특정 단어의 부호가 되고, 또 특정 음의 부호가 되는 것이다. 따라서 사람들이 표현하고자 하는 단어를 시각으로 구별할 수 있는 형상으로 그려낼 수 없을 경우, 바로 기존의 단어를 표시하는 형상의 음만 이용하여 음이 같거나 유사한 단어를 기록하는 것이다. 이는 형상의 의미를 버리고, 소리를 이용하는 것이다. 이런 가차의 출현은 인간이 문자의 시각적인 이미지를 통해 단어를 나타낼 수 있을 뿐만 아니라 청각적인 이미지를 통해서도 단어를 나타낼 수 있게 되었음을 의미한다. 인간이 문자로 단어를 기록하는 능력과 범위가 확장된 것이다. 따라서 표의자로는 표현할 수 없었던 사각지대인, 어법 관계를 나타내는 허사와 추상적인 단어들의 표현이 일거에 해결되었다.

가차법의 유행은 사람들로 하여금 이미 '형(形)'과 '의(意)' 간의 신성한 관계를 절대시하지 않게 만들어, 발음만 맞으면 어느 글자를 사용하여도 무방하다는, 소위 동음대체(同音代替)의 통가(通假)를 유행시켰다.

3. 형성자(形聲字)

역대 한자 체계의 변화 유형을 살펴보면 한자 변화의 규율을 두 가지로 귀납할 수 있다. 이 규율은 각각 완벽하게 언어를 표현하는 것과 글자 간에 명확한 구별을 추구하는 것이다.[7]

표의자는 "완벽하게 언어를 표현"함에 부족하였는데, 가차가 출현하여 이 문제를 해결하였다. 그러나 가차의 사용이 빈번해짐에 따라 다시 "글자 간에 명확한 구별"이 어려워지게 되었다. 즉 가차는 언어에 출현하는 음절을 모두 기록할 수 있게 함으로써 한자의 언어 기록성을 만족시켰지만, 한 글자가 여러 단어를 표기하기 때문에 이전처럼 글자로 의미를 구별할 수 없게 되었다. 동음어(同音語)가 많은 중국어에서는 글자를 통해서 의미를 구분해주었는데 이것이 더 이상 변별적 요소로서의 역할을 할 수 없게 된 것이다. 이런 문제의 해결을 위해서는 두 가지 방안을 선택할 수 있다. 즉 표음문자로의 변신과, 기존의 표의법과 가차법을 개선하여 적응시키는 것이다. 결과적으로 한자는 후자의 길을 걸었다.

---

7 王鳳陽(1989: 421)은 문자가 언어를 기록할 때 요구되는 두 가지 규율로 表達律과 區別律을 들었다. 즉 문자가 언어를 기록할 때는, 원칙적으로 언어의 모든 것을 표현하려는 경향과 단어 가운데 발음이 같은 단어 등을 구분해주려는 경향이 있다는 것이다.

형성자의 발생 경로를 보면 대개는 기존의 표의자에 성부를 더하거나, 가차로 사용하던 글자에 형부를 더하거나, 한 어근(語根)에서 분화된 개념을 표시하기 위해서 형부를 더해 여러 분화자(分化字)[8]를 만든다. 그런데 형성자 가운데 많은 수를 차지하는 것이 뒤의 두 가지 경로에 의해 만들어진 것이다. 문자를 가차해서 쓰다가 형성자로 바뀌는 과정은 아래의 두 가지로 나눌 수 있다.

1) 한 글자가 가차된 이후에 원래의 글자는 가차된 의미의 전용자로 사용되고, 본래의 의미를 위해서 새로운 형성자를 만든다.[9] 예를 들면 그릇에 물이 넘치는 모습을 표현한 익(益)이 '더하다'는 의미로 가차된 후, 본래의 의미를 위하여 다시 일(溢)자를 만들었다. 또 삼태기 같은 모양의 용기를 상형한 기(其)가 대명사나 허사(虛辭)로 가차되어 사용되자, 본래의 의미를 위하여 기(箕)자를 새로 만들었다.

2) 한 글자가 가차된 이후에 원래의 글자는 본래 의미의 전용자로 사용되고, 가차된 의미를 위해서 새로운 형성자를 만든다. 이 경우는 다시 두 가지 방법으로 나눌 수 있다.

① 원래 글자의 편방을 고친다. 예를 들면 설(說)이 '희열(喜悅)'의 의미로 가차되어 사용되다, 본래 의미의 전용자로 사용되고, 가차된 의미를 위해서 새로 열(悅)자를 만들었다. 또 '가다'는 의미의 부(赴)가 '부고(訃告)'의 의미로 가차되어 사용되다 가차된 의미를 위하여 새로 부(訃)자를 만들었다.

② 원래 글자에 가차된 의미를 표시하는 편방을 붙인다. 예를 들면

8 冓에서 構·溝·傋·媾 등의 글자를 분화시킨 것이 예이다.

9 이 경우에 亦과 腋처럼 전혀 다른 구성 요소로 형성자를 만드는 경우도 있다.

경(竟)자에 가차된 의미인 '변경(邊境)'의 뜻을 나타내기 위해 토(土)를 보태 경(境)자를 만들었다. 또 해(解)자에 훼(虫)를 보태 '게'를 나타내는 해(蟹)자를 만든 것도 같은 예이다.

이렇게 가차가 형성으로 바뀌면서 많은 한자가 만들어졌고, 형성법의 편리함 때문에 다른 구형 유형들은 쇠락의 길을 걷게 되었다. 장쉐왕(江學旺)·황더콴(黃德寬, 2001: 4)은 갑골문 1087자를 분석하여, 이 가운데 상형·지사·회의·형성자가 각각 28.51%, 4.32%, 37.81%, 29.34%를 차지했는데, 『설문해자(說文解字)』의 9353개의 소전(小篆)에서는 3.71%, 1.25%, 8.75%, 86.29%로 그 비율이 대폭 변화하였음을 밝히고 있다.[10] 이 통계를 보면 갑골문에서는 아직 회의자가 가장 많은 수를 차지하지만, 형성자가 증가하여 소전에서는 거의 대부분을 차지하고 있다. 이것은 결국 갑골 이후에 새로 만들어진 한자는 대부분 형성자임을 나타내는 것이다.[11] 서주(西周) 시기 금문(金文)에서 새로 만들어진 한자의 구조 유형을 보더라도, 초·중·말기로 갈수록 형성자의 비율이 79.4%, 82.9%, 85.4%로 증가 추세를 보이고 있다.[12] 이러한 현상은 서주 시기에는 형성이 이미 한자의 구형 체계 중에서 주도적인 자리를 차지했음을 보여준다. 실제로 초(艸)자가 들어간 한자의 수를 보면, 『갑골문편(甲骨文編)』에는 모두 22개

10 朱駿聲은 『說文通訓定聲』 「說文六書爻列」에서 『설문해자』의 9353개의 소전을 指事는 125자, 象形은 364자, 會意는 1167자, 形聲은 7697자로 분류하고 있다. 吳長安(1995: 84~85)은 漢代 『설문해자』 이후로는 천여 년 동안 傘, 凹, 凸 등 몇 개의 상형자만 만들어졌고, 지사자는 거의 만들어지지 않았다고 보고 있다.

11 江學旺·黃德寬(2001: 4)의 통계는 소전의 9353자를 분석한 것으로, 갑골문부터 계속 사용된 한자를 포함한 것이다. 따라서 실제로 새로 증가된 한자만을 분석 대상으로 하였을 경우에는 전체 가운데 형성의 비율은 좀 더 높을 것이다.

12 江學旺·黃德寬(2001: 3) 참조.

(순수한 형성자는 3, 4개)가 보이는데, 『이아(爾雅)』「석초(釋草)」에는 서주부터 서한 시기까지의 형성자 270여 개가 보인다. 또 동한(東漢)의 『설문해자』에는 중문(重文) 1개와 망(茻)부 13개 자를 포함하여 모두 458개의 글자가 있는데 대부분이 형성자이다. 후대로 갈수록 형성자의 수가 크게 증가하는 추세를 볼 수 있다. 즉 형성의 발명이 한자 수 증가의 최대 원인이 되었음을 알 수 있다.

형성은 소리를 나타내는 편방이나 의미를 나타내는 편방 가운데 어느 하나를 바꾸면 새로운 형성자를 만들 수 있는 무한한 가능성을 가진 방법이다. 특히 발음의 변화와 분화에 적응하기 위해서, 기존의 글자와는 다른 소리를 나타내는 편방을 택하여, 의미는 같지만 발음과 모양이 다른 형성자를 만들 수 있다. 따라서 『설문해자』에서 같은 식물인 근(芹)의 소리를 나타내는 편방 근(斤)을 근(近)이나, 기(豈)로 다르게 표현하기도 했다. 또 형성법의 활용이 원활해짐에 따라, 새로운 사물을 표현할 때도 기존의 글자를 조합해서 구를 만들어 표현하는 것이 아니라, 습관적으로 새로운 형성자를 만들어 표현하기도 한다. 『이아(爾雅)』「석하(釋荷)」를 보면 식물(荷)과 그 조성 부분(茄·蓮·藕 등)을 표현하기 위해서 만들어진 10여 개의 형성자를 수록하고 있다.[13] 이 밖에도 형성자가 눈덩이처럼 불어나는 이유는 모든 글자가 소리를 나타내는 편방이 될 수 있기 때문에 새로 만든 형성자에 다시 의미를 나타내는 편방을 붙여서 또 하나의 형성자를 만들 수 있기 때문이다.[14]

---

13 특히 漢代의 賦라는 문학 체제에는 형성자가 대량으로 출현한다. 「海賦」(『文選』 권12)에는 水부의 글자가 거의 다 사용되었다.

14 예를 들어 柜는 從木巨聲의 형성자인데, 渠는 從水柜聲, 菒蕖의 蕖자는 從艸渠聲의 형성자로 기존의 형성자에 의미를 나타내는 편방을 더하여 계속 새로운 형성자를 만든 것이다.

형성법은 한자 체계에 문자로서의 무한한 가능성을 열어주었다. 가차와 표의의 장점을 모두 흡수하여 문자가 언어를 기록하는 데 있어서의 '표달률'과 '구별률'을 모두 충족시킬 수 있었기 때문이다. 이런 이유로 형성법은 널리 이용되었고, 심지어는 굳이 형성자를 따로 만들 필요가 없는데도 새로 형성자를 만들기도 하였다. 이런 형성자들은 다음과 같이 나눌 수 있다.

1) 가차하여 표기하던 단어를 유화(類化)[15] 한다. 즉 수초 이름인 부거(芣蕖)는 초기에 부거(扶渠)로 표기하였다가 의미를 나타내는 편방을 더하여 점차 '芣渠, 芣蕖'로 바꾸어 형성자로 만들었다. 타조(駝鳥)의 경우도 뒤의 조(鳥)에 유화(類化)되어 '鴕鳥'로 표기한다.

2) 본래 글자가 있는데, 새로운 의미를 돋보이게 하기 위해서 새 글자를 만드는 경우도 있다. 전선(電線)의 선이 금속임을 강조하기 위해서 새로 선(綫)을 만든 경우이다. 상비충(象鼻蟲)은 간칭(簡稱)으로 상(象)이라 불렀는데, 다시 상(蟓)자를 만들었다. 팔가(八哥)도 새임을 나타내기 위하여 '鴕鴚'로 새로운 글자를 만들었다.

3) 다음절어의 한 음절은 본래 의미가 없기 때문에 기존의 한자를 가차해서 표현하면 되지만, 형성법이 발달한 후에는 다음절어를 위하여 여러 글자를 만들었다. 예를 들어 '방황'은 표기가 '方皇, 彷徨, 旁皇, 徬徨' 등 여러 가지로 나타난다.

4) 원래 언어 속에 이미 습관적으로 표현하던 것을 단음절 단어로 바꾸고 한자를 만든다. 즉, 방어(方魚)를 방(魴)으로, 편어(扁魚)를 편(鯿)으로,

15 글자의 모양을 다른 것과 비슷하게 만드는 것을 유화라고 한다.

점어(粘魚)를 점(鮎)으로 새 형성자를 만든 경우이다.

이런 형성자의 생성 과정에서 우리는 중국인들이 자형으로 단어를 구분하려는 집착을 엿볼 수 있다.

한자가 가차에서 형성으로 간 이유

그렇다면 한자는 왜 가차에서 표음문자화하지 않고, 형성의 길을 택했을까?

어떤 학자들은 한자 체계 내에서 가차와 형성이 서로 주도권을 잡으려고 대립하던 진대(秦代)에 시황제의 문자 통일 정책에 의하여 한자가 형성의 길을 가게 되었다고 주장한다.[16] 물론 '서동문자(書同文字)' 정책이 어느 정도 가차를 제한하고 형성을 발전시키는 작용을 한 것은 부인할 수 없다. 그러나 문자의 변화는 언어와 밀접한 관계를 맺고 있으며, 서로 영향을 주고받는다. 한자가 중국어와 긴밀한 관계를 맺은 것은 가차법을 사용한 후다. 이전의 표의자도 언어를 기록하는 작용을 하였지만, 완벽하게 언어를 기록할 수 있게 된 것은 가차법의 발견 이후이다. 이후 한자와 중국어는 상호 긴밀한 작용을 주고받았다. 특히 중국어의 특성이 한자 체계의 변화에 커다란 영향을 끼쳤음은 부인할 수 없는 사실이다. 또한 중국어 외에 중국인의 사유 방식 등 언어 외적인 요인들도 한자 구형 유형의 변화에 적지 않은 영향을 미쳤다.

16 王鳳陽(1989: 414) 참조.

1. 중국어의 영향

문자가 그림에서 기원했더라도, 일단 언어와 결합하고 나서는 언어의 영향을 받지 않을 수 없다. 한자도 표의자의 단계를 거치고, 가차를 통하여 중국어와 완전한 결합을 한 후에는 중국어 특성의 영향을 받았다. 즉 중국어가 단음절어 위주의 언어이기 때문에 발생하는 많은 동음어와 고립어 특성 및 다양한 방언 등이 한자가 표의 위주의 의음문자로 남게 한 것이다.

1-1. 다량의 동음어

고대 중국어는 단음절어 위주의 언어 특성 때문에 동음어가 많다. 문자의 형체로 구분이 가능할 경우에는 별문제가 되지 않지만, 표의의 방법으로 표현하기 힘들어 가차의 방법으로 표기한 경우에는 구분을 해줄 필요성이 생긴다. 이런 동음어를 구별하기 위해 중국인은 두 가지 방법을 선택했다. 즉, 각각의 단어에 대응하는 문자를 만들어 서면(書面)에서 시각적으로 구분해주는 것과 이음절화하여 언어(言語)로 구분하는 것이다. 문자로는 가차하여 사용하던 글자를 형성화하여 각각에 해당하는 글자를 만들어 서면에서 구분하였다. 이는 갑골문과 금문에서의 많은 가차자들이 이후의 『설문해자』에서 형성자로 바뀐 것을 보면 알 수 있다.[17] 이런 가차의 형성화 과정은 아마도 중국어에 이음절어가 급증하는 시기 이전에 집중적으로 발생했을 것이다. 왜냐하면 단어가 이음절어로 변하면, 어음만으로도 단어를 구분할 수 있기 때문에, 새로운 글자를 만들어 시각적으로 구분시켜줄 필요가 줄어들기 때문이다. 이음절화가 일어난 시기에 관해

17 箕의 본자인 其는 갑골문에서부터 가차되어 대명사로 쓰이자, 소전에서는 형부 竹을 더하여 箕를 만들어 구분해준 것이다. 다음의 글자들도 이런 형성법에 의해 구분된 글자들이다. 蜀:蠋 且:祖 須:鬚 唯:佳

서 웨이더셩(魏德勝, 1995: 11)은 전국 말기에 중국어에 새로운 어휘가 대량으로 등장했는데, 이 새 어휘의 대부분이 이음절어라고 하였다.[18] 그러나 샹시(向熹, 1987: 204~208)는 『시경』의 분석을 통해 일반적인 어휘를 나타내는 단순 이음절어는 그리 많지 않았음을 밝혔다.[19] 그렇다면 중국어에서 이음절어가 우세를 점하기 시작한 것은 병렬식 구조가 대량으로 만들어진 중고 시기로 추정할 수 있을 것이다.[20] 문자 자료에 보이는 서주 시기의 형성자 급증과 비교해보면 위의 설명이 설득력을 가짐을 알 수 있다. 그리고 단음절의 단어가 이음절로 변하는 경우도 대개가 우선 가차법을 사용하여, 새로운 음절을 표기하지만 다시 가치자를 위하여 새로운 형성자를 만드는 것이 일반적이다.

1-2. 문자 위주의 표현

고대 중국인들은 중국어의 단음절어 위주의 특성으로 인하여 글자(字)와 단어(詞)의 관계를 정확하게 구분하지 못해서, 다음절로 표시할 것도 하나로 표현하는 경우가 있다.[21] 이러한 습관 때문에 언어에서는 이음절어나 하나의 구, 문장으로 구분되는 것도, 일일이 하나의 문자로 전용 글자를 만든다.[22] 실제로 『설문해자』를 보면 대부분의 형성자는 새로 전용

---

18 張能甫(2000: 1)도 단음절어가 이음절어로 변한 대체적인 시기가 전국 말엽부터 서한 사이로 보고 있다. 程湘清(1992: 110)은 선진한어에 이미 뚜렷한 이음절화 경향이 나타났다고 보고 있다. 그의 연구에 의하면 『논어』에서는 단음절어와 이음절어의 비율이 74.9 : 25.1이고, 『맹자』에서는 71 : 29이다.

19 『시경』에서 출현하는 단순 이음절어가 전체 3400개 단어 가운데 99개이며, 이것들 가운데 73개는 쌍성과 첩운의 관계가 있는 것이고, 나머지도 대개가 종족명, 동식물 이름, 지명을 나타내는 단어이다.

20 方一新(1997: 18) 참조.

21 갑골문과 금문에 보이는 두 개 이상의 글자를 한 글자의 공간에 쓰는 合文이 그 예이다.

22 중국인들은 이음절어도 단음절로 나누어 해석하는 경향이 있다. 예를 들면 『爾雅』에서 饑饉을 설명할 때, "穀不熟曰饑, 蔬不熟曰饉"이라 하고, 『方言』에서 窈窕를 "美心爲窈, 美色曰窕"라고 하였다. 심지어 漢譯 『楞嚴經』에서도 世界를 "世爲遷流, 界爲方位"로 나타낸다.

글자를 만들 필요 없이 기존의 글자들로 풀어서 표현할 수 있는 것들이 많다. 척(彳)부의 글자들을 몇 개 살펴보자.

往, 之也. 從彳主聲.

彼, 往, 有所加也. 從彳皮聲

徐, 安行也. 從彳余聲.

循, 行循也. 從彳盾聲.

徳, 行平易也. 從彳夷聲

徥, 徥徥, 行皃. 從彳是聲.

復, 往來也. 從彳复聲

躩, 行皃. 從彳瞿聲

徼, 循也. 從彳敫聲

彶, 急行也. 從彳及聲

徬, 附行也. 從彳旁聲.

微, 隱行也. 從彳微聲.

여기에 제시된 글자들은 의미상으로는 모두 '가다'는 것과 깊은 관련이 있다. 만약 현대 중국어나 우리말로 옮긴다면, 이렇게 많은 종류의 한자가 필요하지 않을 것이다. 『설문해자』의 풀이처럼 '서(徐)'는 기존의 '안(安)'과 '행(行)'을 사용하여 '안행(安行)'으로, '급(彶)'은 '급(急)'과 '행(行)'을 사용하여 '급행(急行)'으로, '미(微)'는 '은(隱)'과 '행(行)'을 사용하여 '은행(隱行)'으로 표현하면 될 것이다. 즉, 대개가 수식어를 앞에 첨가하면 전체의 의미를 쉽게 표현할 수 있는 단어나 구들이다. 당시의 구어에서도 아마 이런 단어들을 그대로 사용하지 않고 풀어서 이야기했을 것이다. 그러나 형성의 방법을 발명한 후에는 이렇게 각각의 상황에 해당하는 글자들을 따로 만들 수 있었고, 거꾸로 이런 글자들의 서면어에서의 사용은 형성법의 사용을 촉진하였다. 따라서 형성자의 증가는 서면어와 구어의 분리에도 관련이 깊다.

1-3. 고립어 특징

고립어 특징을 가진 중국어는 굴절어나 교착어처럼 어미 변화나 격 변화를 통하여 어법 관계를 표시하는 것이 아니라, 단어의 배열 순서를 통해서 어법적인 기능을 나타낸다. 즉, 만들어진 글자를 어순에 맞추어 배열하면 되지, 어미 변화나 격 변화를 표시하는 형태 변화를 표기할 필요성이 없다. 그러나 굴절어나 교착어는 상관된 단어들의 형태 변화를 원활하게 표시하고 드러내기 위해서는 자모를 통하여 표기하는 방법이 필요했을 것이다. 고립어인 중국어는 의음문자 체계로도 언어의 표기에 불편함이 없으므로 굳이 자모 표기법으로의 전환을 고려하지 않아도 되었다. 따라서 가차에서 표음문자화하지 않고 형성을 택한 것이다. 반면에 한자도 교착어인 한국어나 일본어에 차용된 후에는 이들 언어에 알맞게 사용되기도 하였다.[23]

1-4. 다양한 방언

다양한 방언을 가진 중국어에서는 자연히 표음 위주의 문자보다 표의 위주의 문자가 의미 전달의 측면에서 유용하였다. 춘추시대와 전국시대의 교체기에는 경제적인 발전과 지방 권력의 상승으로 인하여 각 지역 자체의 문화가 발전하게 되었다. 이에 따라 중앙에서 독점하던 문자가 널리 보급되면서[24] 사학(私學)이 흥성하고 다양한 저술들이 나오게 되었다. 그런데 다양한 방언이 존재하는 사회에서는 여러 방언의 발음을 한 글자만으로 표기할 수 없기 때문에 가차는 언어의 기록 기능을 완벽하게 담보할

---

23 한국어의 이두는 한자의 형체와 발음만을 빌려서 단순한 音符로 사용된 것이고, 일본어에서는 한자의 형체를 간화시켜 자신들의 자모로 삼았다. 이런 것은 모두 이민족의 다른 언어 체계에서 일어난 변화이다.

24 각 지역에서도 자신들의 필요에 따라 문자를 자신들이 직접 만드는 경우까지 발생하였다.

수 없다. 한 지역의 방언 발음에 근거해서 가차하여 사용하면 다른 방언 지역 사람들은 이 글자를 보고 제대로 의미 파악을 할 수 없기 때문이다. 이런 다양한 방언 간의 의사소통을 위해서는, 역시 의부를 보탠 형성자를 만드는 것이 효과적이었을 것이다. 판커유(範可育) 등은 『현대한어형성자자휘(現代漢語形聲字字彙)』(1975)에 수록된 5990개의 형성자를 분석하여 이 가운데 글자의 발음과 소리를 나타내는 편방의 발음이 완전히 일치하는 것은 1578자로 전체 형성자의 26.3%만을 차지한다고 밝혔다.[25] 발음의 역사적 변화를 고려하여도 이렇게 형성자의 성부가 본 글자의 발음과 완전히 일치하지 않는 것은, 소리를 나타내는 편방에 의미를 나타내는 편방을 보태 형성자를 만들 때, 아마 한 지역의 음만을 근거로 하지 않았기 때문일 것이다.

2. 언어 외적인 요인

2-1. 중국인의 사유 습관

중국 문화는 직관을 중시하고 정확한 대응보다는 전체적인 유(類)로 파악하려는 심리가 있다.[26] 따라서 문자 체계를 선택할 때도 글자로써 소리를 기록하는 것보다는 글자로써 의미를 기록하는 것을 택한 것이다. 양자의 차이는 시니피앙과 시니피에의 대응에서 볼 때, 정확함과 모호함의 뚜렷한 차이를 보인다. 자형으로 단어의 소리를 대응시키면 일대일의 정확한 관계만을 나타내지만, 자형과 객관 세계에 대한 종합적 인식의 결과인

25 吳長安(1995: 142~143)에서 재인용.

26 오문의(1998: 4)는 중국인의 사유 특징을 '비분석적'으로 설명한다.

의미 관계는 다면적이다. 그러므로 중국어에서의 일어다의(一語多義)는 형(形)을 위주로 하는 한자 체계에서 자형과 단어의 의미의 관계를 원만하게 결합시켜줄 수 있는 것이다. 따라서 중국인들은 한자를 통해 발음을 읽으려 하기보다는 의미를 찾는다.[27] 이 때문에 가차법이 곤경에 빠졌을 때, 자연스레 형(形)이라는 근본을 버리지 않고 이 바탕에서 변혁을 추구하여 형성법이 나오게 되었다.[28]

2-2. 가차에 대한 관념

중국인들은 가차를 임시방편으로 생각하고 있다. 따라서 비록 다른 글자에서 음을 빌려와 동음어의 의미를 표현하지만, 그래도 원래 글자를 잊지 못하고, 심지어는 원래 글자를 밝히는 것도 학문의 한 영역에 넣고 있다.[29] 이런 상황에서 표음의 길로 간다는 것은 거의 불가능하다. 중국인의 관념 속에서 표의는 정통이고, 가차는 보조 수단으로 "방법이 없는 경우의 방법"이다. 가차는 표음문자와는 근본적으로 전혀 다른 개념으로 사용한 것이다. 이 때문에 일단 표의와 가차의 문제를 해결할 수 있는 형성법을 발견한 후에는 가차로 사용되던 단어는 신속히 새로운 형성자로 교체되는 것이다.

2-3. 문자를 신성시하는 전통

현재의 자료에 근거하면, 최초의 원시 문자들은 대개 언어의 보조 도구

27 이런 중국인들의 경향을 '見形知義'라고 한다.

28 劉志基(1999: 100~105)는 중국인이 표음을 배척하고 以形表義를 택하는 것은 類로 대표되는 전통 사유의 특성 때문이라고 풀이하고 있다.

29 훈고학에서 가차자의 본자를 찾는 것은 중요한 일이다.

로서 일반인들의 의사소통 도구로 사용된 것이 아니라, 사람과 신을 연결시키는 교류 도구 역할을 담당한 것으로 보인다.[30] 이런 목적으로 사용되었기 때문에 원시 문자는 소수의 통치 집단에 의해 독점되고, 복잡한 그림의 성격이 계속 유지되었다. 따라서 문자를 만든 원래의 민족에게 문자는 신성 그 자체이므로, 형체의 변화 등 양적 변화는 자주 발생하지만, 구조의 질적 변화는 생기기 쉽지 않다. 앞에서 언급한 대로 문자 체계의 중대한 변화는 모두 문자가 이민족에게 전파된 이후에 발생한 것이다. 원래의 민족에서 다른 민족에게 전해진 후, 새로운 문제에 부딪혀 새로운 혁신을 꾀하게 되는 것이다. 이민족은 외래 문자에 대하여 원래 창조한 민족처럼 그 문자에 대한 숭배의식이 없기 때문이다. 따라서 중국 민족에게 있어서는 표의자로 처음 만들어 계속 사용하였던 한자의 표의성에 대한 미련을 떨치기 어려웠기 때문에 가차에서 다시 표의성이 강화된 형성을 채택하는 것은 자연스런 일이었을 것이다.

나오기

가차의 출현은 한자 발전사상 하나의 큰 이정표임에 틀림없다. 가차가 생긴 이후로 문자와 언어의 충분한 결합을 보증할 수 있었다. 즉 만들기 어렵거나 불가능한 글자는 동음자를 빌려 사용하면 되었고, 같은 시기에 사용되던 글자들의 발음은 이미 중국어에 사용되는 4백여 개의 음절을 모두 나타낼 수 있었다. 그러나 가차 방법은 중국인들의 문자 체계를 완전히

30 신에게서 문자를 전해 받았다는 소위 '文字神授說'이 인류에게 보편적으로 존재하고, 특히 중국 갑골문의 경우에는 대부분 점치는 내용을 기록한 것으로서 이 같은 견해에 설득력을 더하고 있다.

변혁시켜 문자 발전의 한 단계를 담당하지는 못하고, 표의법이나 형성법 사이에서 보조적인 역할만을 담당했다. 한자가 가차의 시기에 표음문자화할 기회가 있었다고 주장하는 사람도 있지만, 문자는 항상 언어와 일치하는 방향으로 변화, 발전한다. 가차자가 형성의 길을 가게 된 것은 당시의 단음절어가 절대적인 우위를 점하고, 동음사(同音詞)가 많고, 고립어 특성을 가지고, 방대한 지역에 다양한 방언을 가진 당시의 중국어에는 자형으로 동음어를 구별할 수 있는 편이 유리했기 때문이다. 그리고 언어 외적으로 중국인들의 사유 방식과 문자에 대한 숭배[31] 등으로 인하여, 한자가 형성의 길로 간 것은 필연적인 결과이다. 모든 문자 체계가 같은 길을 가는 것이 아니라, 각자의 언어와 문화적 특성에 따라 자신만의 체계를 만들어가는 것이다.

31 현대의 부적 등도 문자에 대한 숭배의 단면을 보여준다.

참고문헌

江學旺 · 黃德寬, 「從西周金文看漢字構形方式的演化」, 古文字信息化處理國際學術研討會發表論文, 2001.

裘錫圭, 『文字學概要』, 商務印書館, 1988.

唐海濤, 「也來談談漢語的單音節性」, 『中國語文研究』 第九期, 香港中文大學, 1987.

方一新, 『東漢魏晉南北朝史書詞語箋釋』, 黃山書社, 1997.

蕭啓宏, 『漢字通易經』, 東方出版社, 1999.

앨버틴 가우어, 강동일 譯, 『문자의 역사』, 도서출판새날, 1995.

梁東漢, 『漢字的結構及其流變』, 上海教育出版社, 1959

오문의, 「한자는 왜 음소문자화되지 못했는가?」, 『1998夏季學術大會發表論文集』, 영남어문학회, 1998.

吳長安, 『文化的透視-漢字論衡』, 吉林教育出版社, 1995.

王貴元, 『馬王堆帛書漢字構形系統研究』, 廣西教育出版社, 1999.

王鳳陽, 『漢字學』, 吉林文史出版社, 1989.

魏德勝, 『韓非子語言研究』, 北京語言學院出版社, 1995.

劉志基, 『漢字體態論』, 廣西教育出版社, 1999.

李圃 주편, 『中國文字研究』, 廣西教育出版社, 1999.

張能甫, 『鄭玄註釋語言詞彙研究』, 巴蜀書社, 2000.

全廣鎭, 『兩周金文通假字研究』, 學生書局, 1989.

程湘淸, 『先秦漢語研究』, 山東教育出版社, 1992.

鄭慧生, 『中國文字的發展』, 河南人民出版社, 1996.

조르주 장, 이종인 譯, 『문자의 역사』, 시공사, 1995.

趙平安, 『說文小篆研究』, 廣西教育出版社, 1999.

周有光, 『比較文字學初探』, 語文出版社, 1998.

周有光, 『世界文字發展史』, 上海教育出版社, 1997.

朱駿聲(淸), 『說文通訓定聲』, 藝文印書館,

陳偉武, 「出土戰國秦漢文獻中的縮約語」,
『中國語言學報』 第九期, 商務印書館, 1999.

陳漢生, 『中國古代的語言和邏輯』, 社會科學文獻出版社, 1998.

向　熹, 『詩經語言研究』, 四川人民出版社, 1987.

정보 사회의 정치는 어떤 모습일까[1]

류석진

정치외교학

들어가면서

21세기를 맞이하면서, 인터넷과 휴대전화 등으로 대표되는 ICT (Information and Communication Technology)의 발달로 정보 사회가 급속히 다가오고 있다. 정보 사회의 도래는 인간이 서로 의사소통하는 방식을 변화시키고, 부의 축적 방식과 삶의 질에도 커다란 변화를 가져오고 있다. '거리의 소멸(death of distance)', '시간의 소멸(death of time)' 등의 용어로 흔히 대표되고 있으며, 사이버 공동체, 네티즌, 펌질, 온라인 쇼핑, 폐인, 유튜브, 네이버 등 우리가 일상적으로 접하게 되는 단어들이 정보 사회의 표상이라고 할 수 있다.

한국에 있으면서, 지구의 반대편에 살고 있는 사람과 메신저를 통하여 실시간으로 대화할 수 있게 되었고, 파리에 가지 않고도 루브르 박물관을 깨끗한 화상으로 감상할 수 있고, 검색을 통하여 삶에 필요한 지식과 지혜를 손쉽게 구할 수 있게 되었다. 만날 약속을 정할 때도, 시간과 장소를 구체적으로 명시하던 부모 세대와 달리, 지금의 네티즌들은 대략의 시간과 장소만을 정하고 움직이면서 만나고 있다. 온라인에 몰두하는 '폐인'을 양산하기도 하고, 학생들은 리포트 작성을 위하여 위키피디아와 구글 그리고 네이버를 누비며 필요한 정보를 얻고 있다. 대형 마트나 시장을 가는 대신에 온라인 쇼핑몰을 서핑하고, 싸이월드의 미니 홈피를 통하여 친구의 소식을 접하고, 온라인에서 영화와 게임을 다운받아 감상하고, 미국에서는 세컨드 라이프, 마이 스페이스 등의 열풍이 몰아치고 있다. 또한 온라인의 악플 때문에 자살하는 연예인이 생기기도 하고, 포르노와 온라인

1 이 글은 김세균·백창재·임경훈 편, 『현대정치의 이해』(인간사랑, 2003)에 수록된 「정보 사회와 정치」(395~416)를 수정한 원고임을 밝혀둔다.

도박이 융성하는 등 많은 부정적인 결과를 가져오기도 한다.

작게는 이러한 개인적 차원의 변화로부터, 크게는 사회 운동과 사회의 조직 방식인 정치의 모습에도 큰 변화를 가져오고 있다. 2008년 커다란 사회적 문제가 된 '광우병' 파동도 거의 대부분의 정보가 인터넷에서 유통되었고, 이를 통하여 다양한 사회 운동이 조직되기도 하였다.

이러한 정보 사회에서의 정치는 '20세기적인 정치'와는 다른 모습을 보이고 있다. 20세기적 정치라 함은 산업화에 따른 대중 사회의 도래와 선거권 확대에 따른 대의민주주의의 확산을 말한다. 대량 생산을 위한 포디즘적(Fordism) 거대 공장의 출현과 함께 이에 따른 노동자의 밀집과 거대 노조의 등장은 보통 선거권의 확대를 가져왔고, 그 결과 계급적인 균열 구조에 기초한 정당 정치와 대의민주주의가 활성화되었다. 세계적인 차원에서 보자면, 이 시기는 민족 혹은 시민의 개념에 기초한 국민 국가의 시대였다. 따라서 이 시기 정치의 핵심 용어는 '대중 참여'였고, 권력 구조와 권력의 쟁취를 위한 정당과 같은 조직의 출현 등, 국가를 중심으로 한 거대 담론이 지배적인 쟁점으로 등장한 시기였다.

이러한 대중 사회의 대의민주주의는 반전 운동과 탈근대성에서 시작한 1968년 혁명을 거치면서 위기 국면을 맞이하게 되고, 이후 근대적 문제의식으로부터 탈근대적인 문제의식으로 관심이 옮겨가기 시작한다. 이러한 관심의 전환 배경에는 바로 '근대 기획(modern project)'의 성과와 한계점이 있다. 이성, 진보와 발전에 대한 믿음을 사상적 기초로 하고 산업사회를 통해 이루어낸 유례없는 물질적 풍요로 가능하게 된 근대 사회는 인류에 밝은 미래를 약속하였다. 즉, 기술력의 발전에 따른 경제적 발전이 사회적 진보를 가져다줄 것이고, 이는 곧바로 풍요롭고 조화로운 삶으로 이어질 것이라는 믿음에 기초한 것이 근대의 기획이다.

그러나 1960년대를 거치면서 서구 사회는, 근대 기획이 약속하였던 풍요롭고 조화로운 삶은커녕, 가공할 만한 핵의 공포 등 엄청난 사회적 불안과 정치적 격변을 경험하게 되었다. 물질적 풍요 속에서 부조화와 불안정한 삶을 경험하게 되었는데, 이는 곧바로 근대 기획이 가지고 있던 근본적 가정들에 대한 의문을 제기하는 형태로 표출되었다. 즉, 인간의 이성에 대한 믿음, 진보와 발전의 가능성 등 기본적인 가치가 의문시되기 시작한 것이다. 이러한 근대 기획의 성과 속에서 목도하게 된 한계를 보면서 새롭게 제기된 문제의식이 소위 '탈근대(postmodernity)'에 관한 다양한 논의들이다.

탈근대 논의의 등장은 근대 산업 사회의 정치에서 중요한 부분으로 분석되고 있던 계급의 문제, 민족의 문제, 정치 질서의 문제 등을 재구성하기 시작한다. 소위 대항 정치(counter-politics)의 영역이 중요하게 부상하게 되는 것이다. 이러한 대항 정치의 차원은 환경 운동, 여성 운동, 인권 운동 등 다양한 분야에서 진행되어왔다. 그린피스(Greenpeace), 페미니스트(Feminist) 운동, NGO의 등장 등은 이러한 현상을 가장 극명하게 보여주고 있다. 이러한 탈근대의 경향은 1980년대를 지나며 가속화된 신자유주의적 세계화와 정보통신 혁명을 거치면서 보다 다양해지고, 속도와 깊이가 더해진다. 민족, 계급 등 거대 정치 담론이 쇠퇴하기 시작하고, 미시적·일상적 정치 담론이 등장하기 시작한 것이다.

근대로부터 탈근대로, 거대 정치로부터 미시·일상 정치로 변화하고 있는 21세기 정치의 모습에 정보화가 영향을 미치는 부분은 크게 다음의 네 가지로 나누어 생각할 수 있다. 첫째로, 온라인이라는 새로운 정보통신의 수단과 공간을 도구적으로 활용하여 현실 정치의 작동 원리와 권력의 배분에 영향을 미치는 부분을 들 수 있다. 20세기적 대의민주주의와 정치 과정 틀 속에서 이를 보다 합리화하거나 민주화할 수 있는 방안으로서 정보화가 수단으로 활용될 수 있는 영역을 중심으로 진행되는 논의이다. 다양하게 진행되는 전자민주주의 논의는 바로 이 부분에 해당한다고 할 수 있다. 20세기적 정치 틀 속에서 정보화를 도구로 활용하여 21세기적 변용을 시도하는 것이다. 즉, '기존의 민주주의 정치 방식에는 어떤 변화가 생기고 있는가'의 문제이다.

둘째로, 정보화를 도구적으로 활용하는 것이 아니라, 온라인 자체의 속성으로 인하여 변모하게 되는 현실 정치의 영역을 들 수 있다. 탈근대 논의와 맥을 같이하면서 제기되는 정체성의 문제를 들 수 있다. 정보화의 진전이 '전 지구적 시민 사회(global civil society)'의 등장을 가져올 것이라는 견해로부터 '전자적 중세(electronic feudal)'로의 회귀를 주장하는 다양한 견해가 존재한다. 즉, 현실 공간에서의 '나'라는 정체성과 가상공간에서의 '나'라는 정체성은 어떠한 관계를 맺으며 변화할 것인가의 문제이다. 정보화로 인하여 21세기 정치에 새롭게 제기될 화두라고 할 수 있다. 가상공간에서의 '나'는 누구인가?

셋째로, 새롭게 만들어지고 있는 가상공간에서의 질서 확립과 거버넌스(governance)를[2] 둘러싼 정치, 즉 순수한 온라인상에서의 정치를 들 수 있다. 여기에는 하이예크(Hyaek)적인 '자생적 질서(spontaneous order)'를 주장하는 세력으로부터, 기존 권력에 의한 통치를 주장하는 세력까지 다양하게 존재하고 있다. 즉, 가상공간에서의 질서는 어떠한 모습

2 거버넌스(governance)의 개념은 기존의 정부와 같은 위계적이고 획일적인 관리 방식을 통하여 통치하는 것이 아니라, 다양한 세력들과의 협의와 숙의를 거쳐 수평적으로 통치하는 것을 지칭한다. 일본에서는 이를 協治 혹은 共治라는 용어로 번역하고 있으나, 한국에서는 아직 번역어에 공감대를 형성하고 있지 못하기 때문에 거버넌스라는 용어를 그대로 사용하기로 한다.

과 형태로 나타날 것인가의 질문이다.

마지막으로, 가상공간을 어떤 국가, 기업 혹은 사회 세력이 점령·통치할 것인지, 즉 온라인이라는 가상공간의 지배를 둘러싸고 벌어지는 오프라인상에서의 국제적인 경쟁 혹은 시장 내에서의 경쟁을 들 수 있다. 19세기, 20세기 전반부에 걸쳐 벌어진 제국주의적 경쟁의 21세기적 변모라고 할 수 있다. 즉, '가상공간은 누가 지배하고 있는가'의 문제이다.

이러한 정보 사회의 도래에 따른 정치의 변화 모습을 간단히 도식화해 보면 아래 표로 정리할 수 있다. 다음의 논의는 도표의 각 영역별로 진행한다.

〈표: 현실 공간과 가상공간의 관계에 따른 정치〉

		정치 행위의 목적 공간	
		현실 세계, 오프라인	가상 세계, 온라인
정치 행위의 수단 공간	현실 세계, 오프라인	현실 정치	제국주의적 표준 경쟁
	가상 세계, 온라인	전자민주주의 인터넷	거버넌스, 정체성

민주주의에는 어떤 변화가 생기나?

2002년 대선에서 노사모(노무현을 사랑하는 사람들의 모임)는 온라인 공간을 배경으로 하여 출범하였고, 노무현 대통령의 당선으로 이어졌다. 2008년 한국을 뜨겁게 달군 '광우병' 파동도 온라인을 통하여 정보가 유통되고, 사회 운동으로 이어졌다. 이러한 온라인에서의 운동이 신속한 정보 유통과 의견 결집을 이루어낸 데 비해, 기존의 언론 매체는 마치 달팽

이처럼 뒤따라가는 형국을 보여주고 있다.

정보화가 도구적인 의미에서 현실 정치에 미치는 영향을 바라보는 시각은 크게 보아 기술 결정론적(technology determinism) 관점과 기술의 사회 구성론적(social constructivism) 관점, 두 가지로 대별될 수 있다. 기술 결정론적 관점은 낙관론과 비관론으로 다시 구분된다. 낙관론은 '민주적 가능성(democratic potential)'에 주목하는 시각이다. 정보화의 진전에 따라 정보의 생산, 유통, 소비와 관련된 거래 비용이 축소되어 참여의 비용이 감소하였고, 권력에 대한 감시가 용이해졌으며, 각종 사안에 대한 토론과 숙의(deliberation)의 가능성이 증대되었다는 것이다. 이를 통하여 기능 장애를 일으키고 있는 대의민주주의의 대안이 마련될 수 있다고 주장한다.

다른 측면에서 본다면 기존의 권력 체계에서 소외되어 있던 다양한 행위자와 집단이 쟁점을 제기하고, 토론하고, 정보 공개를 요구하고, 정책 결정 과정에 직접 참여하는 민주적 가능성을 고양시키는 기제로도 작동할 수 있다는 것이다. 이러한 정치 행위자의 다변화와 정치 의제의 다양화를 롱테일 정치(long-tail politics)[3]라 칭한다. 즉, 유력 정치인이나 정당이 제기하는 이슈가 아닌 평범한 시민들이 (긴 꼬리가) 제기하는 일상과 관련된 쟁점(long-tail)들이 정치의 주요 현안이 되는 것이다.

---

3 롱테일 정치는 롱테일 경제(long-tail economics)에서 따온 용어이다. 크리스 앤더슨(Chris Anderson)은 인터넷상의 새로운 비즈니스 환경을 설명하면서 대규모로 팔리는 몇몇 히트 상품이 주도하는 전통 시장이 아니라 소수의 사람이 수많은 틈새 상품을 찾는 시장이 중요해졌다고 강조하면서, 전체 매출에서 틈새 상품 공급의 비중이 커진 점에 주목해야 한다고 주장한다. 상품의 수요 곡선에서 판매량이 많은 소수의 상품이 아니라 판매량은 적지만 종류는 무수히 많은 – 그래서 수요 분포가 긴 꼬리 모양을 보이는 – 상품이 집합적으로 경제적 영향력이 크다고 본 것이다. 온라인 서점인 아마존에서 베스트셀러의 매출액보다 몇 권씩 팔리는 서적의 매출액이 훨씬 더 중요하게 나타난 점에서 착안한 것이다. 정치에서도 거대 담론보다는 일상과 관련된, 어찌 보면 '사소해' 보이는 문제가 중요하게 되었다는 것이다.

"사회적인 의제를 설정할 때 전문성을 가진 소수 엘리트나 거대 자본 및 기관만이 아니라 사회 현상에 관심을 가지는 평범한 개인도 참여할 수 있게 되었다. 주제 역시 정치, 안보, 경제와 같은 '무겁고 심각한' 상위 정치뿐만 아니라 '일상적이고 실용적인' 이슈도 중요히 다루게 되었다. 상대적으로 영향력은 작지만 다수의 참여를 통한 정보 생산과 유통이 소수의 거대 자본이나 기관의 활동보다 더 중요해졌다는 점에서 일종의 롱테일 정치라고 부를 만하다."

정보화의 진전에 따라 정보의 생산·유통·소비와 관련된 거래 비용이 축소되었고, 이에 상응하게 참여에 따르는 비용의 감소, 정보의 투명성 증대, 그리고 인터넷 등을 통한 정치적 사안에 대한 토론과 숙의의 가능성이 증대하였다. 또한 정보의 자유로운 흐름으로 인하여 권력에 대한 감시가 용이해진 점도 낙관적인 시각의 저변에 깔려 있다. 그 결과 동맥경화증에 걸린 기존 대의 정치의 한계를 극복할 수 있으며, 정보화는 궁극적으로 권력의 민주화에 긍정적인 영향을 미치는 것으로 낙관론은 파악한다.

비관론은 '감시의 가능성(surveillance potential)'에 주목하는 시각이다. 정보화로 인해 시민 사회가 권력을 감시할 수 있는 가능성이 높아진 것은 사실이지만, 기존의 권력이 사회를 감시할 수 있는 능력은 이보다 더 증대되었다고 판단한다. 오웰의 '1984년'의 모습이나, 원형 감옥(the panopticon)의 구상 또한 기술적으로 충분히 가능해졌다는 것이다. 제레미 벤덤(Jeremy Bentham)이 사회 통제의 제도적 장치로 구상한 것이 원형 감옥이다. 원형 감옥이라는 제도적 장치는 감옥, 정신병원, 학교 그리고 공장 등에서 제도적 권력과 통제가 자동적이면서도 중단 없이 계속될 수 있는 장치의 한 형태로 구체화되고 있다. 중앙에 설치된 감시탑을 둘러싸고 원형으로 구성원들이 배치되어 중앙으로부터의 감시와 통제가 용이한 체제이다. 이러한 장치를 통하여 감시자의 효율성이 증대되고 구성원들을 통제·감시하는 데 있어 소위 '보이지 않으면서 감시할 수 있는(being seen without seeing)' 사회적 통제의 장치를 확보할 수 있다는 것이다. 감시·통제가 상존하지 않더라도, 감시·통제자의 상존성을 의심할 수 없기 때문에 구성원들은 항상 사회적 감시의 상태에 놓여 있다는 의식을 가지게 된다는 것이다. 구성원들이 감시·통제에서 벗어날 수 없다고 인지하도록 만드는 상황이 원형 감옥의 구상인 것이다.[4]

정보화의 진전은 프라이버시의 침해를 둘러싸고 일어나는 원형 감옥의 구상을 기술적으로 가능하게 만들어주고 있다. 국가 권력이나 거대 기업에 의한 사생활 침해와 감시 그리고 개인 정보의 무차별적인 유포 등이 비관적 가능성을 극단적으로 보여주고 있다. 윈도에서 쿠키를 통해 네티즌의 서핑 기록을 추적할 수도 있고, ISP(Internet Service Provider)는 개인의 인터넷 사용 기록을 모니터링할 수 있고, 이동통신사는 휴대전화 가입자의 통화 기록과 내용을 마음만 먹으면 모두 검열할 수도 있으며, 정부가 필요할 경우에는 이 모든 기록을 통제할 수 있다.

이러한 감시의 가능성 외에도 비관론은 정보화에 내재되어 있는 사회적 불평등성(정보 격차, digital divide), 정보의 과부하, 즉 "말과 우물의 관계" 혹은 "풍요로움의 역설"에 따른 민주주의의 역행을 지적하기도 한다. 정보의 홍수가 오히려 개인을 압도하여 정보를 해독하려는 의지를 꺾어버릴 수도 있다는 것이다. 이렇게 될 경우 풍부해진 정보가 오히려 정보의 쓰레기더미로 여겨지면서 아무런 가치도 가지지 못할 가능성이 크다고 하겠다.

4 서강대의 FA 제도도 일면 이러한 성격을 가지고 있다고 생각할 수 있다.

또한, 정보화는 낙관론자들이 주장하는 다양한 긍정적인 측면에서의 가능성에도 불구하고 첫째, 정보화 자체가 지니는 사회적 불평등성의 측면, 둘째, 정보화의 진전에 따라 기술적으로 보다 가능해진 원형 감옥 등의 기제를 통한 사회적 통제 가능성의 증대, 셋째, 정보화에 따라 발생할 수 있는 대중 여론의 정치 과정에의 여과되지 않은 투입 등으로 인한 중우 민주주의 혹은 폭도 정치로서의 대중 정치의 가능성, 그리고 정보화를 통한 정치의 희화화, 주변화 혹은 연예화 등의 경향으로 인한 정치적 냉소주의와 무관심의 증대라는 다양한 비관적인 측면이 존재하기 때문에, 권력의 민주화 혹은 민주적 권력의 정착 문제에 긍정적인 역할을 수행하지 못할 가능성이 높다고 비관론자들은 주장한다.

기술의 사회 구성론은 정보화를 '양면의 칼'로 인식하면서, 그 자체의 영향력보다는 정보화가 이루어지는 정치 사회적 맥락을 중요시한다. 정보화가 민주주의에 미치는 영향은 정보화 자체의 속성 때문이 아니라 정보화가 어떤 세력의 이해관계에 의해 어떠한 방식으로 추동되느냐에 따라 결정된다고 사회 구성론적 시각은 파악한다.

이러한 기술의 정치적 효과에 대한 사회 구성론적 시각에서 보았을 때 중요한 것은 우리가 — 정부, 정당, 시민 사회, 시장, 시민 — 지금 어떤 선택을 하느냐에 따라 정보화가 규정할 21세기적 민주주의의 방향이 달라질 것이라는 점이다. 개인과 시민 사회가 스스로의 권력화를 위하여 자발적으로 정보화의 물결에 적극적으로 동참할 것은 당연한 사실이다. 기존 권력의 핵심 주체로 남아 있는 정부, 국회와 정당은 정보화의 진전을 민주적 잠재성을 실현하기 위한 방안으로서가 아니라 감시와 통제를 용이하게 해주는 기제로 활용할 가능성이 높다. 정보화의 진전에 따른 정보의 공개와 공유는 바로 기존 권력이 누리고 있던 기득권의 약화로 이어질 가능성이 높기 때문이다. 즉 정보가 공개되어 보다 많은 사람과 집단이 공유하면 할수록, 누릴 수 있는 재량권과 자의적 결정의 권한은 축소될 것이 명확하기 때문이다. 이렇게 정보화의 민주적 잠재성의 실현에 소극적인 기존 권력의 속성을 바꾸는 데 있어 온라인상에서만의 운동은 아직도 많은 제약을 가지고 있다. 온라인과 오프라인의 적절한 배합과 협력만이 실질적인 효과를 발휘할 수 있을 것이다. 정보화를 도구적으로 활용하여 현실 정치의 문제점을 치유하고 새로운 정치적 대안을 찾을 수 있는 방법을 적극적으로 모색하여야 하는 소이가 바로 기술의 사회 구성론적 시각에서 도출된다고 할 수 있다.

지금까지의 전자민주주의 논의가 참여의 문제에 치중하면서 경시되어 왔던 부분이, 정보화가 의제 설정 권력에 변화를 가져온다는 점이다. 가시적 갈등을 해결해낼 수 있는 능력이 1차원적 권력이다. 이 권력이 주로 갈등이 현실화되어 나타난 상황하에서의 행태에 초점을 맞추고 있다는 점에서 행태적 권력(behavioral power)이라고도 불린다. 어떤 사항을 논의하고 논의하지 않을 것인지를 결정하는, 다시 말해 사안의 선택과 배제를 결정할 수 있는 권력이 2차원적 권력이다. 이 권력은 구조와 관련되기 때문에 구조적 권력(structural power)이라고 할 수 있다. 직장 내 성희롱 문제는 이러한 2차원적 권력의 작동을 명확하게 보여준다. 1990년대 중반이 지나서야 직장 내 성희롱의 문제는 사회적 쟁점으로 선택될 수 있었던 것이다. 그 이전까지는 수많은 피해 여성들이 사회적이고 구조적인 이유 때문에 이를 사회적 쟁점으로 제기하지 못하였던 것이다. 즉 남성 중심 사회의 의제 설정 권력에 의해 사회적 쟁점에서 철저히 배제되어온 것이다. 일상의 정치 혹은 미시적 정치 사안이, 정보화라는 수단을 활용하여 기존의 선택/배제를 결정하는 문지기(gatekeeper)를 우회하거나 뛰어넘을 수 있는 가능성이 많아지고 있다. 최근 소비자 권리, 사회적 약자의 권리 등 배제되어왔던 사안들이 인터넷을 통하여 제기되고 조직화되어 결실을 보고 있다. 비결정(nondecision)의 영역에 머물러 있던 쟁점들이 결정의 영역으로 진입하는 장벽이 낮아지고 있다. 기존의 의제 설정 권력에 정보화로 인한 변화가 생겨나고 있는 것이다. 앞에서 거론한 롱테일 정치가 바로 문지기를 우회하는 의제 설정 권력의 등장을 의미한다고 할 수 있다.

3차원적인 권력은 이데올로기나 사회화 그리고 교육 등을 통하여 사회 구성원들의 인지적 차원을 통제할 수 있는 능력을 말한다. 이 권력은 인간의 사고와 행위를 주조한다는 측면에서 구성적 권력(constitutive power)이라고 할 수 있다. 컴퓨터의 하드 디스크와 사용자 사이의 권력 관계로 은유할 수 있다. 어떤 소프트웨어를 설치할 것인지에 따라 컴퓨터의 기능과 성능이 달라진다. 이와 유사하게 다양한 사회화 과정을 통하여 구성원들의 사고방식을 통제할 수 있는 권력이다. 바로 다음에 논의할 정체성의 문제가 바로 3차원적 권력과 연결된다.

가상공간에서 나는 누구인가?

도구적인 수단으로서 가상공간을 활용하여 오프라인의 정치를 바꿀 수 있는 가능성뿐만 아니라 온라인 자체가 가지고 있는 속성이 현실 정치의 속성과 작동 원리를 바꿀 수 있다. 정보화의 진전에 따라 국경의 의미는 약해지고, 개개인의 정체성도 바뀌게 된다. 일국적인 차원에서 통제가 가능하던 다양한 갈등과 일탈 행위가 국경을 넘나들며 벌어지게 되면서 기존의 국가는 대응력을 상실해가고, 무력화되고 있다. 특정 국가에서 금지되고 있는 다양한 사상과 행위가 가상공간에서는 가능하기 때문이고 개별 국가가 가지는 이에 대한 통제력은 약해진다.

더 나아가 민족이나 국민의 개념 또한 지리적·영토적 차원으로 규정되던 차원에서, 지구적·전자적 차원에서 규정되는 방식으로 바뀔 가능성 또한 배제할 수 없다. 물론 이러한 과정이 단시간에 이루어지는 것은 아니지만, 정보화가 앞으로 몇십 년에 걸쳐 진전된 이후의 상황, 그리고 어릴 때부터 정보화를 친숙하게 접하면서 자란 세대가 사회의 주역이 되는 시점이 되면 이러한 과정은 더욱 가속화될 수도 있다. 개인의 정체성 변화와 지구적 시민 사회의 등장이 논의되는 이유가 바로 여기에 있다.

다양한 지구적 시민 단체가 등장하면서 정보화의 진전은 이들의 활동을 더욱 용이하게 만들고 있으며, 환경·마약·범죄 등 지구적 문제의 확산이 이러한 경향을 더욱더 부추길 수 있다. 개인의 정체성 변화와 더불어 국가의 대응력 약화는 자연스럽게 현실 정치의 재편을 가져올 수 있다.

정보화가 정체성에 미칠 효과에 대하여는 두 가지 상반된 견해가 존재한다. 그 하나가 '세계 시민'의 등장이고, 또 다른 하나가 '전자적 중세'로의 회귀를 점치는 것이다.

한국에 살고 있는 개인이 미국 혹은 유럽에 살고 있는 개인과 인터넷 등을 이용하여 다양한 형태의 문화적, 정치적, 경제적, 사회적 접촉을 할 수 있게 된다면, 그 개인에게 구성될 정체성은 그러한 접촉이 불가능하였거나 혹은 가능하더라도 거래 비용이 높은 상황에서 구성되었을 정체성과 분명한 차이가 날 것이라는 점은 자명하다고 하겠다. 극단적으로 이야기한다면, 한 국민이라는 정체성이 사라지고 세계 시민이라는 정체성이 등장하게 될지도 모를 일이다.

이러한 지구적 공동체의 출현과는 달리 중세로의 회귀를 예측하는 피터 드러커(Peter Drucker)나 앨빈과 하이디 토플러(Alvin & Heidi Toffler) 등의 견해도 존재한다. 중세로의 회귀는 바로 시민들의 다층화된 정체성과 충성을 확보하고자 하는 다양한 정치적, 비정치적 단위들이 경쟁하는 '전자적 중세'로의 회귀를 의미한다. 유럽연합의 출범이라는 역사적인 사건으로 근대 국가를 대신할 수 있는 정치 공동체가 만들어졌지만, 여전히 프랑스인들이나 독일인들이 기존의 정체성을 유지할 것인지 아니면 유럽인이라는 새로운 정체성을 가지게 될 것인지의 문제가 제기될 수 있으며, 더 나아가 종족적인 차원에서 제기되고 있는 정체성의 문제 또한 심각하다.

바로 근대 국가의 정체성과 시민의 정체성을 규정하고 있던 국민 국가가 새롭게 제기되는 범국제주의, 지역주의와 종족주의 등의 문제로 위협을 받고 있는 현상과 정보 사회의 문제는 밀접히 연관되어 있다고 할 수 있다. 범국제적으로 유통되는 정보는 '문화적' 정체성으로 구분했던 '민족적' 동일성을 훼손함으로써 국민 국가를 포위하고 있다.

또한 '뿌리 찾기'에 기반을 둔 종족주의는 민족을 종족으로 대체하려 하면서 근대적인 정체성을 위협하고 있는 것이다. 교황, 왕, 봉건 영주 그리고 귀족들이 구성원들의 정체성을 자신의 방식으로 형성하고, 충성심을 확보하기 위하여 경쟁하던 중세적인 질서와, 정보 사회 속에서 새롭게 구성될 질서는 매우 유사하다는 주장이다.

그러면 정보 사회의 시대에 근대 국가 이외에 이렇게 정체성을 자신의 방식으로 구성하려고 노력하고, 충성심을 확보하려고 경쟁하는 주체는 비국가 행위자(non-state actors)들이다. 초국적 기업, 국제기구, 그리고 민간 차원에서 구성된 국제적 비정부 기구(INGO, International

Non-Governmental Organization)들이 바로 그것이다. 이러한 비국가 행위자의 등장에 가장 큰 영향을 미친 요인은 바로 정보통신 혁명인 것이다.

"지리적 인접성의 중요성이 정보통신 혁명으로 인하여 급격히 감소하면서, 사람들이 공동체를 인식하는 유형이 변화하게 된다. ……그 결과 기존의 위계질서는 점차 약화되고, 국가가 장악하고 있던 권력이 보다 많은 사람과 집단에게 배분되게 된다."

대표적인 예로 국제사면위원회(Amnesty International)와 그린피스 운동, 노벨 평화상을 수상한 대인지뢰금지협약을 이끌어낸 '국제지뢰금지운동', '국경 없는 의사회' 등을 들 수 있다. 이러한 비정부 기구는 개별 국가 차원에서 구성되던 개인의 정체성을 개인의 권력화(empowerment) 과정을 통하여 새롭게 구성하게 되고, 결국 이러한 개개인 차원에서의 정체성 변화는 근대 국가적 정체성의 변화를 불러올 가능성이 높다. 이러한 비정부 기구 이외에도 비록 조직이나 기구의 수준까지 발전하지는 않았지만 가상공간에 존재하는 수많은 모임과 집단들이 개개인의 정체성에 미치는 영향은 엄청나다고 할 수 있다.

결국 이러한 정체성의 논의는 정보통신 혁명이 정보 사회의 등장으로 귀결되면서 "어떻게 주체를 재구성할 것이며, 이 주체들이 어떠한 정치적 행위자로 구성될 것이냐의 문제이며, 또한 가상공간에 존재하는 주체가 기존의 정체성을 어떻게 재구성할 것이냐"의 문제와 맥을 같이하는 것이라고 할 수 있다. 개인, 민족, 시민, 국가의 정체성이 정보 사회의 도래에 따라 그 기초가 뿌리부터 흔들리고 있다. '나'의 정체성이 다층화되고 다면화되면서 바뀌고 있는 것이다.

가상공간의 질서는?

가상공간에서는 현실 공간에서 일어나는 문제가 그대로 복제되어 나타나는가 하면, 전혀 새로운 차원의 문제가 제기되기도 한다. 바이러스, 전자 농성(electronic sit-in), 도배하기(spam mail), 욕설(flaming) 등과 같은 현상이 나타나고 있으며, 도메인 네임(domain name)을 둘러싸고 일어나는 갈등도 나타나고 있다. 더 나아가 지식 상품과 정보 상품을 둘러싸고, 배타적 지적 재산권을 주장하는 카피라이트(copyright)와 공동체적인 사용과 소유를 주장하는 카피레프트(copyleft)의 갈등이 있으며, 음란물의 유통을 둘러싸고 일어나는 갈등도 있다. 그리고 운영 체계와 소프트웨어의 개발과 관리를 둘러싸고 리눅스(Linux)와 같은 오픈소스(open source code) 운동 등 가상공간에서 발생하는 사회 문제가 다양하게 존재한다.

이러한 가상공간의 다양한 문제를 하이예크적인 '자생적 질서'에 따라 해결할 것인지 아니면 현실 세계의 권력이 개입하여 해결할 것인지, 아니면 별도로 가상공간에서만의 권력 체계를 만들어 해결할 것인지의 문제가 제기된다.

실패한 미국의 '통신품위법', 한국의 '개인 정보 보호 및 건전한 정보통신 질서 확립 등에 관한 법률' 제정 시도와 이에 대한 온라인상에서의 저항은 가상공간의 거버넌스의 중요성을 보여주는 사건이기도 하면서, 가상공간에 현실 권력이 개입하는 데 일정한 한계가 있음을 보여주고 있다. 해커행동주의(Hacktivism), 전자적 시민 불복종 운동(온라인 연좌시위, 게시판 글 올리기, 홈페이지에 로고나 특정 문구를 달고 의견 결집, 온라인 서명 등의 민초행동주의 등이 포함될 수 있다), 네트전(netwar)[5]

등의 등장이 대표적인 예가 될 수 있다.

인터넷 거버넌스의 핵심이라고 할 수 있는 도메인 네임(예를 들어 서강대학교의 도메인 네임은 www.sogang.ac.kr)의 관리를 담당하고 있는 ICANN(Internet Corporation for Assigned Names and Numbers)의 등장은 이러한 변화를 상징적으로 보여준다. ICANN이 일정한 정도 미국의 영향력 아래 있기는 하지만, 순수한 민간 기구로서 전 세계의 도메인 네임에 관련된 결정을 내리는 주체이고, 여기에서 국가의 역할은 미미하다. 또한 냅스터나 소리바다 등의 정보 공유 운동이 일정하게 현실 세계의 제동에 부딪히기는 하였지만, 앞으로도 계속 제기될 논쟁거리이기도 하다. 캘리포니아 이데올로기(California Ideology, 온라인에서의 지적 재산권을 절대적으로 보호하려는 흐름)와 바를로(Barlow)의 사이버 독립선언서(Cyberspace Independence Declaration)는 사이버 공간의 거버넌스를 둘러싼 갈등을 정확히 보여주고 있다.

누가 가상공간을 지배하는가?

현실 세계의 국가나 기업은 새롭게 부상하는 가상공간을 점령하고 통치하려고 시도하고 있다. 시장에서 마이크로소프트의 권력이 그러하고, 인터넷과 웹을 발전시키는 데 중요한 역할을 한 미국이 그러하다. 이들은 각종 정보통신의 기본적인 아키텍처(architecture)를 누가 설계하고 장

---

5 네트전은 "상호 연결된 커뮤니케이션 양식을 통하여 수행되는 사회적 차원의 관념적 갈등(society-level ideational conflict waged in part through internetted modes of communication)"을 의미한다. 즉 네트전은 관념과 인식론에 관한 것이다.

악할 것인지를 둘러싸고 경쟁하고 있다. 도메인 네임의 배분과 할당의 권한을 누가 가질 것인지를 둘러싸고 일어나는 갈등 또한 같은 선상에 있다고 할 수 있다. 중국이 마이크로소프트의 윈도 운영 체계보다는 리눅스를 선호하는 이유의 일단도 바로 여기에 있다.

그야말로 새로운 영토라고 할 수 있는 가상공간을 둘러싸고 일어나는 21세기적 제국주의적인 경쟁이라고 할 수 있다. 차이는 총과 칼 등의 무력을 통하여 점령하는 것이 아니라, 표준의 설정과 기술력 그리고 시장 지배력 등을 통해 일어나고 있는 현상이라는 점이다. 21세기 국력의 중요한 부분이 바로 여기서 결정될 것이기 때문에 국가 간의 경쟁 그리고 기업 간의 경쟁이 더욱 치열해지는 것이다. 가상공간 점령과 지배를 위한 오프라인의 정치라고 할 수 있다.

맺는 말

정보 사회의 도래가 20세기적 정치의 모습과 본질에 가하는 충격과 변화의 모습을 추적하여 보았다. 동맥경화증에 걸린 대의민주주의의 한계를 극복하기 위한 처방으로서 정보화를 수단으로 활용하는 전자민주주의의 논의가 첫 번째이고, 정보화의 진전에 따라 발생하는 정체성의 변화 가능성이 제기하는 문제가 두 번째이다. 그리고 새롭게 부상하는 온라인의 거버넌스 문제는 20세기 정치에서는 찾아볼 수 없는 새로운 현상이었다. 온라인의 통제와 독점을 위해 오프라인에서 벌어지는 제국주의적 사이버 영토 전쟁이 마지막 부분이라고 할 수 있다.

산업화와 대중 사회에 기반한 20세기적 정치로부터 정보 사회에 기반한 21세기적 정치로의 변모 가능성은 우리에게 다양한 과제를 제기한다. 우선 정보화가 민주주의의 창달에 순기능적으로 작동할 수 있도록 제반 환경과 제도를 정비하여야 하고, 각 정치 행위 주체들이 이를 정확히 소화하고 올바르게 활용할 수 있어야 한다. 둘째, 가상공간이 무질서와 다양한 폭력으로 혼돈 상태에 빠지지 않도록 만들 수 있는 적절한 거버넌스 형태를 찾아야 할 것이다. 그리고 가상공간의 점령을 둘러싼 경쟁의 장에서 세계적 추세를 정확히 판독하여, 시대를 앞서나가지는 못하더라도 적어도 시대에 뒤처지지는 말아야 할 것이다. 마지막으로, 새로운 정체성의 구성과 지구적 시민 사회의 등장 가능성에 대비하여 민족문화와 민족적 정체성을 어떻게 유지·보존할 것인지의 문제를 지금부터 진지하게 고민하여야 할 것이다. 인터넷에서의 언어제국주의 문제도 같은 차원에서 제기될 수 있을 것이다.

미디어 시대, 기호학의 역할

송효섭

국어국문학

소통의 다양성

내가 사는 파주의 도로를 지나다 보면, 시청에서 붙인 듯한 여러 홍보 구호들을 볼 수 있다.

G&G PAJU
파주는 경제다
변화와 경쟁의 파주

이런 구호들을 보면서 나는 메시지가 독해되는 여러 가지 방식들에 대해 생각해보곤 한다. 분명히 이런 구호들은 어떤 메시지를 전달하기 위해 만들어졌을 것이다. 그런데, 그 메시지는 잘 전달되고 있을까?

먼저, 'G&G PAJU' 라는 구호를 보자. 먼저 이것은 영어로 씌어졌다. 영어를 잘 아는 외국인을 위해 만든 것이 아니라면, 이 구호에는 오늘날 적어도 한국인이라면 이 정도의 영어는 누구든 할 수 있다거나 아니면 할 수 있어야 한다는 생각이 깔려 있는 듯하다. 그런데 문제는 영어를 아는 사람조차도 이 구호가 무슨 뜻인지 전혀 알 수 없다는 데 있다.

'파주는 경제다' 라는 구호도 그 뜻을 파악하기가 쉽지 않다. 이것은 '내 마음은 호수' 와 같은 일종의 은유이다. '파주' 와 '경제' 를 등치시킨 것은, '파주' 와 '경제' 간에 동일한 자질이 추론되기 때문이며, 굳이 애써 생각해본다면, '경제' 라는 것이 부를 창출하는 것이고, '파주' 역시 이런 속성처럼 부를 창출하여 풍족한 도시라는 메시지를 말한 것이 아닌가 유추할 수 있다.

'변화와 경쟁의 파주' 라는 구호는 앞서의 구호보다는 해독하기가 좀 쉬워 보인다. 아마도 파주가 열심히 변화를 추구하고 있고, 또 경쟁에서 이기기 위해 노력하고 있다는 메시지를 담고 있으리라. 그러나 이런 추측도 확실하다고 단정할 수는 없다.

지금 시를 홍보하는 이러한 구호들이 잘못되었다고 말하려는 것이 아니다. 이 세상에 존재하는 메시지와 그 소통의 방식이 매우 다양할 수 있음을 말하기 위한 것이다. 이 세상의 모든 메시지가 직설적이고 분명해야 하는 것은 아니다. 더구나 짧게 표현해야 하는 구호는 마치 짧게 표현하는 시처럼 함축적일 수밖에 없고, 함축적이라 함은 그 메시지를 해독하는 사람이 많은 것을 유추해야 함을 말한다.

얼마 전 정치권에서는 '코드 인사'라는 말이 유행했었다. 이 말은 인사가 공평하거나 정당하게 이루어지기보다는 자신의 생각과 같은 사람만 주변에 앉힌다는 부정적인 의미로 쓰였다. 그러다 보니 '코드'라는 말도 대중들에게 부정적으로 각인되는 결과를 낳았다. 그러나 '코드'라는 말은 결코 부정적인 함의를 갖는 말이 아니다. 코드란 기호학에서 가장 많이 쓰이는 용어로서, '기호 작용의 법칙' 정도로 쓰고 있는 말이다. 그러니 코드가 같다는 말은 기호 작용의 법칙이 같다는 말로서, 한마디로 생각의 구조가 동일하여 어떤 사안이든 같은 생각을 할 수밖에 없다는 것을 뜻하는 것이다. 다른 생각을 가진 사람을 수용하기보다는 같은 생각을 가진 사람과 마음 편하게 일하겠다는 편이한 발상이 이 코드 인사라는 말에 부정적인 함의를 갖게 만든 것이다.

이런 사례들에서 가장 주된 문제로 떠오르는 것은 '소통'이다. 흔히 소통을 잘하고 못하는 것을 기준 삼아 그 소통의 가치를 평가하는 경우가 있는데, 이러한 소통의 경제성과 효율성만이 소통의 전부는 아니다. 만일 그렇다면, 누구나 알 수 있는,

노인에게 자리를 양보합시다

라는 메시지가, 김승희의 시구,

칫솔이 나를 양치질한다

와 같은 메시지보다 훨씬 더 나은 것일 테지만, 정말 그런가? 메시지의 소통은 그렇게 단순하지 않다. 코드라는 것이 누구에게나 같아야 한다면, 이것은 이 세상 모든 사람들의 생각을 하나로 묶으려는 전체주의적 발상이 아닐까? 다른 코드를 인정하면서, 때로는 소통의 불편함 속에서 또 다른 의미를 찾아낼 수도 있어야 하는 것 아닐까? 그런 점에서, 앞서 예를 든 시청의 구호들도 무슨 말인지 모르겠다고 마냥 불평만 할 수는 없을지 모른다.

우리가 사는 오늘날의 사회는 이처럼 다양한 메시지들로 가득 차 있다. 그것을 읽어내는 것도 그렇게 단순하지 않다. 더구나 메시지를 전달하는 매체들 또한 복합적이고 다양해졌다. 매체가 메시지에 미치는 영향력은 '미디어는 메시지다'라고 한 마셜 매클루언의 말을 빌리지 않더라도, 이제는 거의 상식이 되다시피 했다. 오늘날, 소통과 의미 작용을 다루는 기호학이 학문으로서 그 효용성을 인정받게 된 것은, 이러한 상황들과 무관하지 않다. 어떤 학문을 하든, 그것이 의미를 갖고 소통되어야 하는 것이라면, 그것은 기호학적인 문제에 연루되지 않을 수 없다. 기호학이 오늘날의 사회에서 전방위적인 역할을 떠맡게 된 연유가 바로 여기에 있다.

소쉬르 기호학의 기본 개념

기호학에 접근하기 위해서는 먼저 기호학의 창시자라 할 수 있는 소쉬르의 이론을 이해해야 한다. 그 기본 개념들을 다음 다섯 가지 양항 대립을 통해 간략하게 소개해 보기로 한다.

랑그/파롤

기표/기의

공시적/통시적

형식/실체

계열체적/통합체적

랑그란 소쉬르에 따르면, "언어 활동의 본질적인 특정 부분으로서, 언어 활동 능력의 사회적 산물인 동시에 개인들이 그 능력을 발휘할 수 있도록 하는, 사회 집단에 의해 채택된 필요한 관습들의 총체"[1]이다. 이러한 랑그를 바탕으로 개별적인 수많은 발화들이 실현되는데, 그것이 소쉬르가 말하는 파롤이다. 이 개념은 구조주의를 이해하는 데 필수적인 것이다. 구조주의는 세상을 구조로 보는 관점을 말하는데, 그 구조라는 것이 바로 사회 집단에 의해 채택된 관습으로 이해할 수 있기 때문이다. 인간이 언어 활동을 할 때, 관습에 의존해야 소통이 이루어질 수 있듯, 다른 여러 사회적이고 문화적인 행위를 할 때도, 어느 정도 소통 가능한 기반을 바탕으로 해야 그것의 의미가 전달된다. 이러한 소통 가능한 기반을 코드라 할 수

1 Ferdinand de Saussure, *Cours de linguistique générale*(Payot, 1984), p.25. 이하 소쉬르의 기호학 이론은 이 책을 참조했음.

있으며, 따라서 코드는 근본적으로 랑그의 속성을 갖는 것으로 이해할 수 있다.

소쉬르가 생각한 기호학에서 핵심은 말할 것도 없이 '기호'라는 개념이다. 기호는 기표와 기의의 결합으로 이루어진다. 기표는 청각 영상으로 어떤 소리가 내 귀에 이미지로 각인된 것을 말한다. '책'이라고 말할 때, 그것을 말하는 사람들의 목소리는 모두 다르지만, 우리가 그것을 /책/이라는 발음으로 알아들을 수 있게 해주는 것이 바로 '책'의 기표이다. 기의란 개념인데, '책'이라고 말하였을 때, 우리가 머리에 떠올리는 '책'의 공통적 관념을 말한다. 이 두 가지는 모두 실제의 세계에 존재하는 것이 아니다. 특정인이 특정 상황에서 '책'이라고 말했을 때의 그 소리나, 아니면 그가 가리키는 현실 세계 속의 특정한 책은 모두 기표나 기의가 아니다. 소쉬르가 관심을 가진 것은 이런 실제 세계에서 발화된 소리나 존재하는 지시 대상들이 아니라, 기호 체계 안에서 존재하는 기호들 간의 관계이다. 이것은 오늘날 인문학에서 이른바 관점의 획기적인 전환을 촉발시킨다. 인문학에서 탐구하는 것이 실제 세계라면, 가령 인간의 심리나 정신 등을 언어가 지시하는 본질적인 실재로 보는 관점에 서게 된다. 이때 언어는 단지 실재를 지시하거나 표상하는 역할을 할 뿐이며, 따라서 우리가 추구하는 것은 언어 그 자체가 아닌, 언어를 넘어서는 어떤 형이상학적인 실재가 된다. 소쉬르의 기호학은 이러한 형이상학적 언어관을 전복시키는 것이다. 우리가 인문학에서 다룰 수 있는 것은 실재가 아닌 언어이다. 실재는 언어화되어야 소통될 수 있으며, 따라서 소통 가능한 언어로 실재를 전환한 다음에야 비로소 그것에 대해 어떤 체계를 구성할 수 있다. 바로 그 소통 가능한 언어가 기호이다. 이러한 기호가 확대되면, 텍스트니 담론이니 하는 오늘날 인문학에서 널리 유통되는 개념이 되는 것이다. 텍스트니 담론이니 하는 말은 단지 자연 언어뿐만 아니라, 모든 문화 현상을 이해하는 데 활용되는 말이다. 여기에는 모두 '읽는다'는 의미가 내포되어 있는데, 요즘 흔히 '영화 읽기'니 '문화 읽기'니 하는 말을 자연스럽게 쓰는 까닭도 여기에 있다. 모든 것을 소통 가능한 영역에 놓는다는 것은, 어느 정도 공동체 안에서 약속이나 관습이 전제됨을 말한다. 소쉬르가 기표와 기의가 '자의적'으로 결합되었다고 한 것은 바로 이러한 소통이 집단의 약속이나 관습에 의존할 수밖에 없다는 것을 함의한 것이다.

어떤 현상을 파악할 때, 시간의 개입을 배제하고 공존하는 사항들 간의 관계만을 살핀다면, 이것은 소쉬르가 말하는 공시적 관점이다. 여기에서 시간의 흐름에 따라 변화하는 요소들을 살핀다면, 이와 대립되는 통시적 관점이 되는데, 소쉬르가 언어학에서 우월한 것으로 본 것은 공시적 관점이다. 변화란 우연적인 것이기 때문에 체계 안에서 다루어질 수 없고, 따라서 구조주의는 공시적 관점을 채택할 수밖에 없다. 소쉬르로부터 출발한 구조주의가 반역사주의적 성격을 갖는 것도 이런 까닭이다. 그러나 이러한 그의 공리는 하나의 공리일 뿐, 실제로 문화 현상을 파악하는 데서는 많은 논란을 야기시킨다. 어차피 시간은 흐르는 것이고, 그에 따른 변화는 필연적인데, 그러한 변화를 설명할 수 없다면 그것은 불완전한 이론임에 틀림없다. 언어학의 공리를 떠나 텍스트나 담론의 차원에서 구조주의적 관점을 유지하며, 이러한 문제를 해결하기 위한 여러 이론들이 그 뒤에 생겨난 것도 그런 까닭에서이다.

언어를 체계로 파악한다는 것은 언어의 실체적 국면이 아닌 형식적 국면을 파악함을 말한다. 소쉬르가 말한 기표와 기의는 모두 분절될 수 있는 단위들인데, 이들은 그 자체로 의미를 갖는 것이 아니라 다른 것들과의 관계에 의해 의미를 갖는다. 이것을 소쉬르는 '소극적'이라 표현한다. 이것

역시 구조주의의 관점을 단적으로 보여주는 것이다. 관계란 곧 차이를 통해 형성되는데, 의미는 바로 이런 차이에서 나온다는 것이다. 구조주의적 관점은 모든 것을 이런 관계들로 보기 때문에, 어떤 본질적이고 근원적인 실체가 존재한다는 것을 부정한다. 이러한 관점은 상황에 따라 어떤 항목이 상대적으로 규정될 수 있다는 상대주의적 관점을 함의한 것으로, 오늘날 문화를 이해하는 데 중요하게 적용할 수 있다. 가령 이성 중심적 사고, 남성 중심적 사고, 서구 중심적 사고와 같은 오래된 도그마들은 이러한 상대주의적 관점을 통해 해체될 계기를 맞는다. 그런 점에서 구조주의는 시초부터 해체론을 함의한다고 할 수 있는데, 그것이 바로 소쉬르가 말한 '형식'의 개념에서 비롯된 것이다.

체계를 이루는 관계의 질서를 소쉬르는 '계열체적'과 '통합체적'인 것과 같은 대립되는 두 가지로 파악한다. 공통점을 갖는 항목들이 인간의 기억 안에서 하나의 집단으로 질서지을 때, 그것을 계열체라 한다. 이들 항들이 실제 발화에서 연결되는 관계를 '통합체적'이라 하며, 그 연결의 결과를 통합체라 한다. 실제 발화의 형태로 나타난다는 점에서 통합체는 파롤의 영역이고, 그러한 발화를 이루기 위해 계열체 안에서 어떤 선택이 이루어진다는 점에서 그 계열체는 랑그의 영역이라 할 수 있다. 우리가 하는 말이나 행위를 텍스트로 분석할 때, 그것의 생산이 이루어지는 과정에 작용하는 규칙은 계열체 안에서의 선택을 주도하고, 이러한 선택이 이어지면서 실제 말이나 행위가 이루어진다. 이러한 규칙을 코드라 하는데, 구조주의적 관점에서 모든 말이나 행위는 이러한 코드의 지배를 받는 것으로 간주된다.

소쉬르의 이러한 기본적 개념들은 그러나 실제로 현대 사회의 여러 현상들을 읽어내는 도구를 마련하는 과정에서 새로운 메타언어들을 생산한다. 다시 말해, 구체적인 텍스트나 담론들을 읽을 때, 단지 소쉬르가 말한 랑그만을 추론할 수는 없다. 이는 이들이 놓이는 다양한 커뮤니케이션의 상황이 고려되면서, 가변적으로 생성되는 새로운 의미의 가능성들을 예측해야 하기 때문이다. 그것을 우리는 해석학적 상황이라 말한다. 텍스트에서 의미를 추론하는 전통적인 해석학의 역사는 매우 깊다. 그러나 소쉬르의 구조주의적 관점은 어떤 본질적 의미를 추론하는 것과는 거리가 있다. 이른바 소쉬르가 파롤이라 해서 배제했던 여러 요소들을 최대한 구조적으로 기술하기 위해서 구조주의 기호학이 창출한 몇 가지 방법론적 도구들을 살펴보기로 하자.

기호학으로 읽는 문화

소쉬르가 제외했던 파롤의 영역의 요소들을 가장 적극적으로 끌어들이려 했던 언어학자로 야콥슨이 있다. 야콥슨은 커뮤니케이션의 상황에 존재하는 모든 요소들이 의미 생성에 참여한다고 보았다. 발신자와 수신자뿐만 아니라, 메시지와 코드, 그리고 접촉과 맥락의 모든 요소들이 각각 다른 요소들과 구조적 관계를 맺으면서 커뮤니케이션에 참여한다.[2] 여기서 문제는 이들 요소들이 대부분 실제 상황에서 포착될 수 있는 것으로 소쉬르가 말한 파롤의 영역에 해당된다는 점이다. 기호학에서 언어는 가장 중요한 요소이지만, 그 언어는 말하고 듣는 주체, 그리고 현실에서 여러

---

2 Roman Jakobson, *Language in Literature*, eds. Krystyna Pomorska & Stephen Rudy(The Belknap Press of Harvard University Press, 1987), pp.66~73 참조.

가변적이고 복합적인 요소들과 관계 맺지 않는 한, 그것의 의미가 포착될 수 없다. 야콥슨이 기호학을 통해 정립한 시학은 그간의 문학 연구에서 결여되었던 정밀한 과학성을 통해 언어의 미학적 측면을 기술해낼 수 있었다. 언어의 시적 기능은 메시지 자체에 초점을 맞춘 담화를 통해 실행되는데, 이때 그 담화는 온전히 시적 기능만을 수행하는 것은 아니다. 어떤 담화에서든 다양한 기능이 수행되지만, 보다 지배적인 기능이 있음으로써 이른바 기능들 간에 위계적인 관계가 만들어진다. 가령 다음과 같은 광고 문구를 보자.

빛으로 맛있게, 빛으로 손쉽게 남편을 요리하세요.

광파 오븐을 광고하는 이 담화가 지시하는 현실은 존재하지 않는다. 남편을 요리한다는 것은 남편을 음식에 비유한 것이며, 그것은 어찌 보면 매우 시적으로 받아들여진다. 야콥슨이 앞서 소쉬르의 '계열체적 대 통합체적'에서부터 담화에서의 결합 양상을 유사성을 바탕으로 한 은유와 인접성을 바탕으로 한 환유를 구분하는 양항 대립을 제시했을 때, 이러한 담화에서는 은유가 두드러짐을 알 수 있다. '빛' '남편' '요리' 사이에서 유사성은 쉽게 포착되지 않지만, 오히려 그런 점이 이러한 메시지를 독자로 하여금 충격적이고 신선하게 받아들여지게 한다. 이 메시지가 갖는 시적인 기능에도 불구하고, 이 메시지가 맛있게 요리된 음식과 그 음식을 만드는 데 기여한 오븐의 사진과 함께 여성 잡지의 한 면에 나와 있다면, 독자는 단지 이 메시지가 갖는 미학적 성격에만 몰입할 수 없다. 이 메시지는 현실 세계에서 이것이 실제로 필요한 도구이며, 그래서 꼭 사야겠다는 생각을 하게 만드는 기능, 즉 야콥슨이 말한 수신자가 강조되는 욕구적 기능이 주도적이 된다.

이러한 광고 문구처럼 자연 언어로 이루어진 것뿐만 아니라, 조형이나 음악과 같이 쉽게 분절되지 않는 예술 형태 또는 더 나아가 의식이나 스포츠 같은 행위를 동반한 모든 인간의 문화적 양식을 이러한 자연 언어의 커뮤니케이션에서 일어나는 기능으로 분석할 수 있다.

가령, 우리가 흔히 즐기는 야구나 축구와 같은 스포츠도 나름대로의 코드에 따라 실행되는 것이며, 그것을 이러한 기호학적 관점에서 살피면, 그 문화적인 의미가 추론될 수 있다. 야구가 분절적 게임이라면, 축구는 비분절적 게임이다.[3] 야구에서 투수가 공을 던지면, 타자가 치거나, 스트라이크 아니면 볼이거나 여러 가능한 상황들 중 하나가 실현된다. 이것은 소쉬르가 말한 계열체 안의 가능한 항들 가운데 하나가 실현되는 과정이다. 야구의 재미는 바로 가능한 계열체의 항 중에서 어떤 항이 실현될 것인지에 대한 청중들의 궁금함에 있다. 적어도 야구에서 행위로 이루어진 하나의 분절 단위와 다음에 이루어질 분절 단위 간에 존재하는 잠깐의 휴지 동안, 선택을 위한 많은 인식 작용이 일어난다. 축구에서 이러한 분절은 분명하지 않다. 축구는 반칙이 나거나 공이 바깥으로 나가지 않는 한, 시합이 중단되지 않는다. 선수가 공을 차지했을 때, 다음 행동을 어떻게 할 것인지를 생각할 만한 휴지가 주어지지 않는다. 거의 본능적이고 즉각적으로 다음 행동을 취하며, 청중들도 이러한 비분절적으로 이어지는 행동에 몰입함으로써, 마치 음악에 몰입하듯이 시합을 즐기게 된다. 이것을 구조적인 용어로 말한다면, 야구가 계열체적인 결합이 주도적인 시합이라면, 축구는 통합체적인 결합이 주도적인 시합이며, 또한 전자가 은유적이라면, 후

3 송효섭, 「상징, 스포츠, 리미노이드: 야구와 축구의 기호학」, 『기호학연구』 20집(한국기호학회, 2006), pp.115~139 참조.

자는 환유적이라 말할 수 있다.

문화 현상을 기호학적으로 분석한다는 것은 그러한 현상이 갖는 함축적인 의미를 탐색하는 것과 무관하지 않다. 만일 소쉬르의 공리를 그대로 받아들여, 기표와 기의 간에 존재하는 자의성만을 강조한다면, 이 세상의 모든 텍스트는 관습적인 코드의 실현으로만 해석될 것이다. 그러나 이렇게 모든 텍스트를 해석하는 규칙이 이미 존재한다면, 그 텍스트가 실현되는 상황에서 갖는 여러 복합적인 함의를 해석하기는 어려울 것이다. 우리가 살면서 접하는 메시지 가운데는 쉽게 전달되지 않는 의미가 숨어 있는 경우가 많다. 그것은 발신자가 의도한 것일 수도 있고, 그렇지 않은 것일 수도 있다. 기호학은 이런 함축된 의미를 찾아내어, 그러한 의미가 실현되는 과정을 기술하려 한다. 흔히 기호학이 소통뿐만 아니라 의미 작용을 기술하는 것이라 하는데, 이때의 의미 작용을 살피기 위해서는 소쉬르뿐만 아니라, 기호학의 또 다른 흐름인 퍼스의 기호학 도구들을 빌려와야 할지도 모른다.

그런 점에서 예름슬레우가 제안한 내포기호학의 개념은 매우 유용하다. 텍스트가 갖는 여러 불안정하고 유동적인 요소들을 설명하기 위해 제안된 이러한 체계는 그의 독특한 분절 즉 표현-실체, 표현-형식, 내용-형식, 내용-실체로 이루어진 것으로, 그 표현 국면이 외연적 기호학의 내용적 국면과 표현적 국면에 의해 제공되는 기호학을 말한다.[4] 여기서 주의 깊게 보아야 할 것은 예름슬레우의 체계 안에 소쉬르에 의해 배제되었던 실체가 분절 단위로 들어와 있다는 점이며, 또 하나는 내용적 국면과 표현적 국면이 또 다른 체계에서 표현적 국면이 되는 체계의 전이가 일어

4 Louis Hjelmslev, *Prolegomena to a Theory of Language*, trans. Francis J. Whitfield (The University of Wisconsin Press, 1969), pp.114~120 참조.

난다는 점이다. 체계에서 또 다른 체계로 전이되는 과정은 역동적이고 가변적인 것으로 상황에 따라 여러 변수가 생겨날 수 있다. 이것은 메시지가 상황에 따라 달리 의미를 생산하는 과정을 구조적으로 보여주는 메타체계의 역할을 한다. 이러한 내포적 기호학은 바르트가 현대의 신화를 기술하면서 사용한 체계의 모델이 된다.[5]

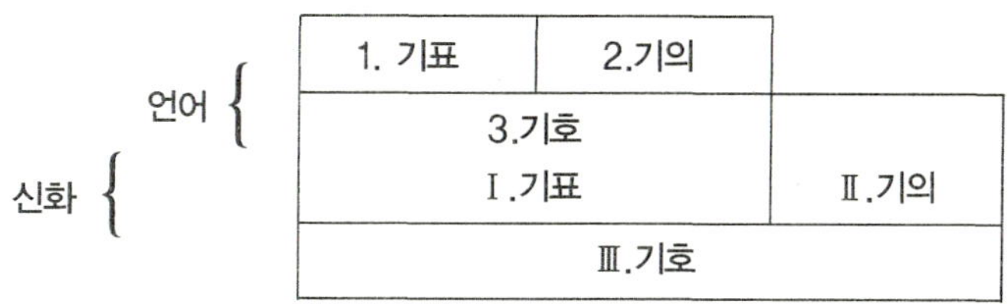

하나의 체계에서 다른 체계로 전이되는 이러한 신화의 작용은 하나의 형식이 비워지면서 거기에 다른 의미가 채워지는 과정을 나타낸다. 우리가 보는 실제의 텍스트를 제대로 읽으려면, 그것을 또 다른 체계로 전이시켜 그 내포된 기의를 읽어야 한다. 신화적 텍스트는 이러한 기의가 겉으로 드러나지 않고 숨어 있기 때문에, 대개 신화 소비자들은 그러한 기의를 포착해내지 못한다. 다시 말해, 1차적인 체계를 '꽉 찬' 체계로 이해함으로써, 텍스트가 갖는 외연적인 모습에 속고 마는 것이다. 바르트는 이러한 신화를 만들어내는 토대가 바로 이데올로기라고 말한다. 우리가 접하는 미디어들이 현실을 그대로 보여주고 있다고 착각하는 경우가 있다. 공정한 사실 보도를 부르짖는 언론들은 대중들에게 이러한 착각을 끊임없이 심어준다. 그러나 실제로 이들 미디어들이 생산해내는 메시지는 교묘하

5 바르트의 신화 체계에 대해서는 Roland Barthes, *Mythologies*, sel. & trans. Annette Lavers (Hill & Wang, 1983), pp.109~159 참조.

게 우리에게 어떤 관념을 주입시키는 역할을 한다. 가령 신문에 여당과 야당의 정치인 사진을 동일한 크기로 동일한 위치에 배치했다 하더라도, 사진의 표정이나 각도 등을 통해 호불호를 촉발시키는 조작이 얼마든지 가능하다. 겉으로 보이는 공정성과 공평성 뒤에 숨어 있는 의도를 읽어내지 않는 한, 대중들은 그것이 감추고 있는 신화를 읽어내지 못한다. 신화의 유포와 조작은 오늘날 광고에서 훨씬 노골적으로 나타난다. 서양의 웅장한 정원이나 궁전의 사진을 아파트 광고에 삽입하여, 마치 그 아파트에 살면 그런 귀족적인 삶이 펼쳐질 것 같은 착각을 소비자들에게 준다. 그러나 그러한 광고 뒤에는 보다 많은 이윤을 남기기 위해 최소의 비용으로 최대한의 효과를 보려는 약삭빠른 상업주의의 의도가 숨어 있다. 바르트가 이러한 신화들을 말하면서 추구한 것은 소쉬르가 말한 형식이 아니라, "형식 속의 관념들"이다. 무엇인가 숨기고 있고 또 그것을 벗겨냄으로써 신화로부터 벗어나는 모든 과정에 이러한 관념들이 작용한다. 그러나 그 관념은 형식을 통해 기술되어야 하는 관념이며, 그런 점에서 바르트의 이러한 체계가 구조주의를 넘어선 것은 아니다.

소쉬르에서 시작된 구조주의 기호학의 공리들은 이처럼 다양한 인문학의 주제들을 만나면서, 새로운 메타언어들을 만들어낸다. 그럼에도 불구하고, 소쉬르의 공리들은 여전히 유효하다. 20세기 인문학을 뒤흔든 그의 언어학의 패러다임이 우리에게 선사한 것은 언어를 넘어서 존재하는 소통되지 않는 관념들로부터 내 앞에서 읽히고 만들어지는 언어, 텍스트, 담론으로 눈을 돌리는 계기를 마련해준 것이다.

대화적 담론의 장을 위하여

세상을 기호로 본다는 것은 세상을 소통되는 것으로 보는 것을 말한다. 의미가 만들어진다 하더라도 그 과정이 드러나지 않는다면 그 의미는 소통되지 않을 것이다. 오늘날 의미의 소통은 다양한 매체를 통해 이루어진다. 시각과 청각을 포함한 인간의 모든 지각을 자극하는 새로운 미디어의 발명은 의미의 소통을 더욱 복잡하게 만들었다. 기호학은 이러한 기호가 생성되고 전달되고 수용되는 모든 과정을 체계화시키려 한다. 이 세상에서 만들어지고 있는 수많은 메시지들은 그때그때 소통되어야 하며, 또한 새로운 메시지를 만드는 토대가 되어야 한다. 때로는 메시지가 우리를 불편하게 할 수도 있다. 해독되지 않는 추상적인 그림 앞에서, 소음처럼 들리는 현대 음악 앞에서 우리는 불편함을 느낄 수도 있다. 난해한 시나 철학적 담론은 심지어 공허한 말장난처럼 보이기도 한다. 그렇다고 해서, 그것을 회피하고, 누구나 알 수 있는 메시지만을 찾아다닐 것인가? 같은 코드만 존재하는 언어와 지식의 파시즘에 함몰될 것인가? 하루에도 수십 번의 문자를 날리고, 인터넷을 통해 엄청난 정보들이 유포되는 이 시대에, 문제는 이러한 소통의 양이 아니라, 소통이 갖는 질 즉 그것의 생산적 의미일 것이다. 미디어로 유포되는 정보의 홍수 속에서 텍스트를 선별하여 거기에서 많은 것을 읽어낼 수 있다면, 그것이야말로 소통이 갖는 최대한의 경제성과 실용성을 실현하는 것이 될 것이다. 세상을 기호로 보는 기호학적 관점은 모든 것을 소통 가능한 기호로 치환시킴으로써, 본질적이고 초월적인 관념으로 인해 세워졌던 장벽들을 가로질러 대화적인 담론의 장을 연다. 이 시대의 인문학이 서야 할 자리가 바로 여기이다.

마음속 언어의 구조와 작동 방식[1]

이정훈

국어국문학

만남

학교에 오면 이따금씩 본관 앞에서 정문 쪽을 바라볼 때가 있다. 예전에는 아파트도 없고 지하 주차장도 없어서 무척이나 시원한 경치를 즐길 수 있었는데 지금은 바라보면 바라볼수록 아쉬움이 남는다. 그나마 청년광장 잔디밭에 누워 바라보던 푸른 하늘은 지금도 여전하니 다행이다.

가만히 서서 하늘을 바라보면 이런저런 상념이 떠오르곤 한다. 잠시 후에 있을 강의는 어떻게 시작하는 것이 좋을까, 지금 작성하고 있는 논문은 어떻게 마무리해야 할까, 주말엔 학회랑 집안일이 겹쳤는데 어떻게 해야 하나, 커피 한 모금에 이런저런 생각들이 머리를 스치고 지나간다.

"선생님, 안녕하십니까."

누군가 학생이랑 인사를 나누나 보다. 그냥 그대로 마시던 커피와 곱씹던 생각을 이어간다. 그런데 갑자기 어떤 얼굴이 내 눈앞에 불쑥 나타난다.

"안녕하십니까."

아, 강의를 듣는 학생이다.

"아, 자네구먼. 일찍 나왔네? 수업?"

"수업은 오후에 있구요, 도서관 갑니다."

"그래? 그럼 같이 가지. 나도 도서관에 갈 일이 있는데."

둘이서 어깨를 나란히 하고 옹기종기 폭풍의 언덕을 통과한다. 이곳은 항상 바람이 분다. 그래서 폭풍의 언덕이겠지만.

---

1 이 글은 강의 시간에 혹은 사석에서 격의 없이 오고 갔던 이야기들을 바탕으로 썼다. 질문과 토론을 이끌었던 학생들의 이름을 하나하나 밝히고 싶지만 그럴 수 없음을 아쉽게 생각한다. 대화를 따라가다 보면 이해하기 어려운 부분도 있을 것이고 선뜻 동감하기 어려운 부분도 있을 것이다. 그럴 때는 말미에 제시한 참고문헌의 해당 부분을 찾아보기 바란다.

“선생님, 있잖습니까.”

뭐가 있다는 거지? 근데 말투를 보아하니 복학생인 듯하다.

“응? 뭐?”

“선생님 강의 재미있게 듣고 있는데요. 궁금한 게 하나 있습니다.”

“그래? 뭘까? 말해봐.”

“개강하고 첫 강의 시간에 선생님께선 언어가 마음의 창이라고 하셨잖습니까? 언어를 연구하면 인간의 마음이 어떤지 이해할 수 있다고 하셨는데요. 그때는 그런가 보다 했는데 지금은 잘 이해가 되지 않습니다. 강의 시간에 배우는 문법이랑 인간의 마음이 어떻게 관련이 되지요?”

의기촌에서 — 마음과 언어 모듈

어느덧 장소는 도서관 옆 의기촌으로 바뀌었다. 요즘엔 의기촌 말고도 다른 이름도 있던데. 로욜라 동산이라고 했던가. 아무튼 연못이 없어진 것이 못내 아쉽다. 연못에 있던 자라 가지고 장난도 많이 쳤었는데. 어떤 꼬맹이들은 자라를 건져서는 애완용 토끼랑 경주도 시켰었고. 아무리 생각해도 엄숙한 동상도 좋지만 모두 모여들던 연못이 훨씬 더 좋다.

근데 이 친구의 질문에 답하려면 조금 생각을 정리해야 할 듯하다.

“음, 흥미로운 질문이군. 바쁘지 않으면 커피 한잔 나누면서 잠깐 얘기하지.”

“네.”

자판기에서 새 커피를 뽑아 들고 벤치에 앉는다. 마음(mind)을 바라보는 관점에서부터 이야기를 시작하는 것이 좋겠다.

"언어가 마음의 창이라는 말 이전에 도대체 마음은 무엇일까? 마음을 어떻게 이해하는 것이 좋을까?"

"마음이 뭔지는 모르겠지만, 아무튼 행동을 유발하는 지침 정도로 이해할 수 있을 듯합니다."

"그렇지. 마음은 행동을 유발하는 지침이라고 할 수 있지. 그런데 마음의 존재를 부정하는 입장도 있지. 아마 심리학 강의에서 들었을 텐데 소위 행동주의(behaviorism) 심리학에 따르면 마음은 존재하지 않지. 행동의 지침은 마음이 아니라 자극(stimulus) 같은 것이고."

"그러면 마음의 실재를 인정하는 입장과 그렇지 않은 입장이 있다는 말씀이군요."

"그렇지. 그리고 내가 언어가 마음의 창이라고 말했을 때는 마음의 실재를 인정하는 입장에서 한 말이지."

"그러면 마음의 실재를 인정하는 입장에서 도대체 마음은 무엇인가요?"

"비유를 들자면 마음을 일종의 소프트웨어로 보는 입장이라고 할 수 있지. 즉 입력으로 주어진 정보를 처리해서 어떤 결과를 내놓는 소프트웨어."

"그런데 소프트웨어는 특정한 목적만을 위한 것 아닌가요? 예를 들어 훈글은 문서 작성의 목적을 수행할 수는 있지만 다른 것은 못하는데요."

"그렇지. 그런데 마음은 온갖 것을 다 할 수 있고."

"그러면 마음은 일종의 슈퍼 소프트웨어라고 할 수 있겠군요. 무엇이든 처리할 수 있는, 매우 성능이 우수한 소프트웨어요."

"그렇지. 그리고 요즘은 마음이라는 소프트웨어가 다시 여러 개의 부분으로 나뉘어 있는 것으로 보곤 하지. 예를 들어 마음이라는 소프트웨어는 언어를 위한 부분, 배우자 선택을 위한 부분 등 여러 부분으로 나뉘어 있다고 보지."

"흠, 우리 학교가 여러 학부로 나뉘어 있는 것과 비슷하네요."

"맞아. 그리고 마음이라는 소프트웨어를 구성하는 각 부분을 모듈(module)이라고 하고."

"그럼 마음을 구성하는 모듈에는 무엇무엇이 있습니까?"

"글쎄. 거기에 대해선 아직 명확히 답할 만한 수준이 아닌 듯한데. 애초 모듈을 본격적으로 주장했던 제리 포더(Jerry Fodor)라는 학자는 그리 많지 않은 모듈이 존재하는 것으로 보는데 존 투비(John Tooby)나 레다 코스미데스(Leda Cosmides) 같은 연구자는 수천 개의 모듈이 있다고 주장하기도 하지. 몇 가지의 모듈을 상정해야 하느냐는 결국 경험적으로 밝혀야 하는데, 이때 중시되는 것이 모듈은 진화(evolution)의 관점에서 정당화되어야 한다는 점이지."

"진화요? 그럼 인간의 마음이 진화의 관점에서 이해될 수 있다는 말씀이신가요? 코끼리 코가 진화에 의해 지금 모습처럼 되었듯이 언어라는 마음의 모듈도 진화의 산물이라는 말씀이네요?"

"그렇게 이해하려고 하고 있지. 흔히 진화심리학(evolutionary psychology)적 관점이라고 하고. 언뜻 들으면 이상하겠지만…… 인간이 걸어온 진화의 과정에서 언어는 비교적 최근에 나타났다는 점, 그리고 언어와 밀접한 관계를 갖는 유전자의 존재가 밝혀지고 있다는 점 등을 고려하면 진화의 관점에서 언어를 이해하는 것이 어불성설은 아니라고 할 수 있지. 또 인간의 언어와 질적으로 다르긴 하지만 동물의 언어가 유전되는 것도 참고할 수 있고."

"그러면 선생님, 마음은 여러 모듈로 구성된 소프트웨어이자 진화의 산물이라 할 수 있고, 언어는 그 모듈 중 하나…….”

“그렇지. 따라서 언어를 자세히 관찰하면 마음에 존재하는 하나의 모듈의 정체를 밝히는 것이 되고, 그런 작업은 인간의 마음에 대한 연구라 할 수 있지.”

“네. 그러면 언어 모듈은 어떻게 이루어져 있지요?”

“아, 지금은 시간이 없는데……. 이따가 다시 얘기하는 게 어떨까?”

“네…….”

“지금 강의 끝나면 시간이 나니까, 수업은 오후라 그랬지? 11시쯤 보면 좋을 것 같은데.”

“네, 알겠습니다.”

“공부하다가 11시에 엠마오관 옥상으로 나오게. 그럼 이따 봐.”

“네. 선생님. 이따 뵙겠습니다.”

노고산에서 — 언어 모듈의 구조

엠마오관 옥상에 올 때마다 항상 벤치와 파라솔이 있었으면 하는 생각이 든다. 노천 카페처럼 편안히 앉아서 책도 보고 대화도 나누면 참 좋을 텐데……. 아, 저기 그 친구가 오고 있다. 또 꾸벅 인사를 한다.

“음, 공부 열심히 했어?”

“네. 책도 보고…… 아까 선생님이랑 하던 얘기랑 관련된 자료도 이것저것 찾아보고요.”

“그래? 잘 읽고 정리되면 나한테도 얘기해줘.”

“하하하. 선생님은 다 아시잖아요.”

"아니. 아는 것도 있고, 모르는 것도 있고, 또 잘못 알고 있는 것도 있고. 그러니 자네가 잘 이해하고 나한테 얘기해주면 좋지."

"네. 알겠습니다."

"운동 삼아 노고산이나 한번 올라갈까? 얘기도 하고."

"네."

다시 한번 둘이서 어깨를 나란히 하고 노고산으로 오르는 오솔길에 접어든다.

"아까 자네가 언어 모듈이 어떤 모습이냐고 물었었는데……."

"네."

"자네 생각은 어떤가? 언어 모듈은 어떤 모습을 띠고 있을까?"

"일단 소리와 의미가 서로 관련을 맺어야 되니까 소리를 담당하는 부분과 의미를 담당하는 부분이 있어야겠지요."

"그렇지. 소리를 담당하는 부분을 흔히 음운부(phonological component)라고 하고, 의미를 담당하는 부분을 의미부(semantic component)라고 하지. 그리고 또 뭐가 있어야 할까?"

"음…… 예를 들어 '나무'라는 것이 소리가 [namu]이고 의미가 '목(木)'이라는 것을 외워야 할 겁니다. 소리와 의미의 연결을 책임지는 곳을 가리켜 어휘부(lexicon)라고 하고요. 모형으로 그려보면 이럴 겁니다."

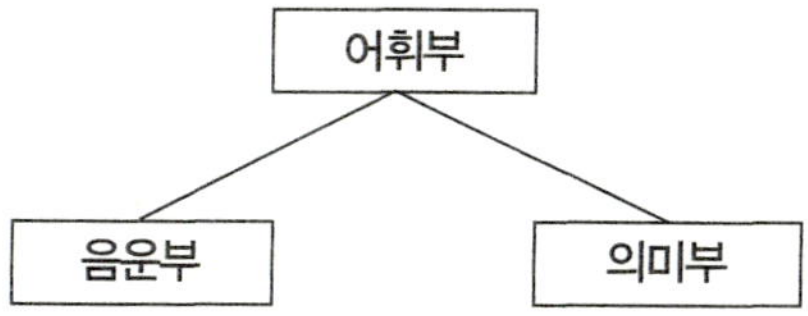

"그렇지. 단어의 소리와 의미의 연합이 어휘부에 저장되어 있어야겠지. 그러면 간단한 구조지만 일단 단어의 발음과 뜻을 반영한 구조가 나타났

다고 할 수 있는데, 언어에는 단어만 있는 것이 아니지. 예를 들어 '하늘이 무척 높다'는 어떨까?"

"'하늘이 무척 높다'가 어휘부에 저장되어 있다고 보기는 어려울 듯합니다. '하늘'은 어휘부에 소리와 의미가 저장되어 있어야 하겠지만 '하늘이 높다'와 같은 문장이 저장되어 있다고 보기는 어렵지요. 왜냐하면 문장은 무수히 많으니까요. 그러니까 문장은 어휘부에 저장된 단어가 모여서 만들어진다고 보는 것이 좋겠습니다."

"그렇지. 단어는 아무리 많아도 유한하지만 문장은 그렇지 않지. 또 만약 문장을 외우고 있다면 생전 처음 듣는 문장은 이해할 수 없어야 하는데, 사실은 그렇지 않아. 처음 듣는 문장도 그 문장을 구성하는 단어의 뜻만 알면 그 의미를 쉽게 파악할 수 있지. 지금 우리가 주고받는 문장들도 우리가 태어나서 처음 말하고 듣는 문장일 것이고. 그러면 당연히 문장은 어휘부에 외워져 있는 단어를 선택하고 조합해서 그때그때 만들어내야 하겠지."

"그러면 유한한 어휘부의 항목들을 결합해서 수많은 문장을 만들어내는 부분이 있어야겠네요? 그런데 지금 만들어낸 모형에는 그런 곳이 없습니다. 어휘부는 단순히 단어의 소리와 의미의 연결을 저장할 뿐이지 문장에 대해서는 아무 말을 하지 않는 곳이니까 말입니다. 아무래도 단어와 단어를 결합해서 문장을 만들어내는 부분이 따로 있어야 할 듯합니다."

"그 부분을 흔히 통사부(syntactic component)라고 하지. 그러면 전체적인 구도는 이렇게 되네. 문장을 생성하기 위해서는 일단 어휘부에서 필요한 재료, 이것을 어휘 항목(lexical item)이라고 하는데, 어휘 항목을 끄집어내지. 그리고 통사부에서 어휘 항목을 조립해 문장을 만들고. 다음은 만들어진 문장을 음운부에서 발음하고 의미부에서 해석하고."

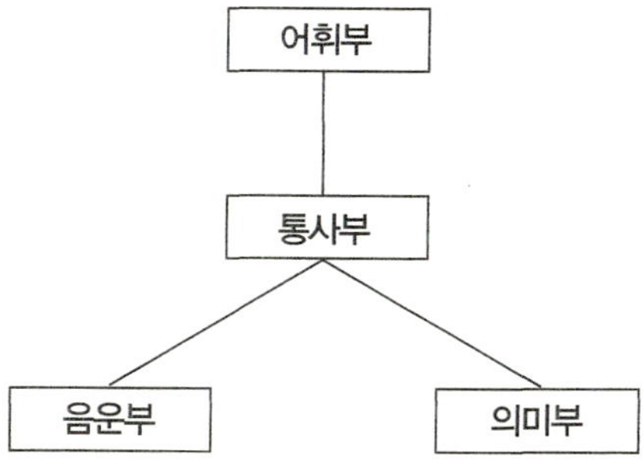

"그러면 '하늘이 무척 높다'는 어휘부에서 우선 어휘 항목 '하늘이, 무척, 높다'를 선택하고 선택된 어휘 항목을 통사부에서 결합해 '하늘이 무척 높다'라는 문장을 만들고 이것을 음운부와 의미부에서 소리와 의미로 해석하는 것이 되겠네요?"

"그렇지. 한데 조심할 것이 하나 있어. '하늘'이랑 '무척'이 어휘부에 저장되어 있는 것은 확실한데 '하늘이'가 저장되어 있을까? 또 '높-'이 저장되어 있는 것은 맞는데 '높다'가 저장되어 있을까? 만약 '하늘이'랑 '높다'가 저장되어 있다면 '하늘을, 하늘에, 하늘의, 하늘과, 하늘도, 하늘만, 하늘처럼, 하늘까지, 하늘은' 등도 저장되어 있어야 하고 '높구나, 높니, 높고, 높지만, 높아도, 높을수록' 등도 저장되어 있어야 할 텐데?"

"아, 그러면 어휘부에는 '하늘, 무척, 높-'과 '-이, -다' 그리고 방금 말씀하신 '-을, -에, -의, -과, -도, -만, -처럼, -까지, -은' 그리고 '-구나, -니, -고, -지만, -아도, -을수록' 등이 어휘 항목으로 저장되어 있다고 봐야겠네요. '하늘이 무척 높다'는 어휘부에서 어휘 항목 '하늘, -이, 무척, 높-, -다'를 선택해서 통사부에서 조립한 것으로 보아야 하구요."

"그렇지. 다만 '하늘'과 '-이'가 결합하는 곳, 그리고 '높-'과 '-다'가 결합하는 곳이 통사부인지, 아니면 어휘부인지는 아직 논란 중이지. 만약 어휘부에서 결합하는 것으로 보면 어휘부에는 이러한 결합을 책임지는 하위 부분이 따로 상정되어야 하지. 그런 부분을 흔히 굴절(inflection)이라고 하고, '하늘-이'의 '-이' 같은 것을 조사, '높-다'의 '-다' 같은 것을 어미라 하지."

"강의 시간에 말씀하셨던 건데 조사가 결합하는 것을 곡용(declension)이라 하고, 어미가 결합하는 것을 활용(conjugation)이라고 하지요? 또 '손바닥' 같은 단어를 생각하면 곡용, 활용 말고도 어휘부에는 '손'과 '바닥'을 결합해 '손바닥'이라는 단어를 만드는 작용도 필요하고요."

"맞아. 곡용과 활용을 아울러 굴절이라고 하고, '손바닥'처럼 이미 있는 '손'과 '바닥'을 이용해 새로운 단어를 만드는 것을 단어 형성(word formation) 또는 조어(造語)라고 하지."

"음, 이제 언어 모듈의 구조는 알겠는데요…… 그럼 언어 모듈은 실제로 어떻게 작동하나요? 아까 선생님께서 마음은 소프트웨어이고 마음의 한 부분이 언어 모듈이라고 하셨으니까 결국 언어 모듈도 소프트웨어처럼 작동되어야 할 듯한데요."

"그렇지. 언어 모듈은 소프트웨어처럼 작동되어야지. 방금 살핀 예를 다시 한번 생각해보면 소프트웨어로서 언어 모듈에는 '하늘, -이, 무척, 높-, -다'를 어휘부에서 선택(selection)하게 하는 명령이 있어야 하고, 또 이것들을 적절히 결합하라는 명령이 있어야지. 결합 명령을 요즘엔 흔히 병합(merge)이라고 하지."

"흥미롭네요. 적절히 결합하라는 명령…… 그런 것이 없으면 '하늘-이 무척 높-다'뿐만 아니라 '하늘-다 무척-이 높-' 같은 이상한 것이 만들어질 테니까, 그런 명령이 있다고 보아야겠습니다. 그런데……."

"아, 잠깐. 저기 좀 보게."

어느새 우리 둘은 노고산 정상에 올라 있다. 노고산 꼭대기는 시원한 바람과 환한 빛으로 가득 차 있다. 우리는 잠깐 쉬었다가 얘기를 계속하기로 한다.

연구실에서 — 언어 모듈의 작동 1

강의 시간에만 만나다 보면 아무래도 서로 친해지기 어려운 법. 이 기회에 같이 밥을 먹기로 하고 식당에 가서 줄을 서고, 밥과 찬을 식판에 담고, 자리에 앉아서 뚝딱 한 그릇씩 비운다. 그리고 연구실에 가서 차를 한잔씩 하기로 한다.

"자네 여기 처음 와보지? 거기에 앉아. 차 한잔 타줄게. 커피는 아까 마셨으니까 매실차로 할까?"

"네. 그런데 왜 이렇게 책꽂이에 외국 원서가 많지요?"

"아, 국어학을 한다고 해서 국어책하고 국어 논문만 읽는 것은 아니야. 한국 사람의 신체를 연구하려고 해도 제대로 하려면 한국 사람만 살펴서는 안 되듯이 한국어를 제대로 연구하려면 일반적인 언어에 대한 관찰이 필수적이지."

"강의 시간에 보편성(universality)하고 개별성(peculiarity)을 함께 고려해야 한다고 말씀하셨던 거지요?"

"그렇지. 다만 외국어로 된 책을 읽고 글만 조금 쓸 줄만 알았지 말을 할 줄 모르니 답답하지. 자넨 외국어 공부 미리미리 착실히 해둬. 자, 여기. 입에 맞으려나 모르겠네."

"…… 새콤달콤한 게 맛있습니다."

"그래? 다행이다. 얼마든지 있으니까 맘껏 마셔."

"네. 그런데 아까 밥 먹기 전에 말씀드렸던 것 있잖습니까?"

"응? 아, 아까 말하려다 안 했던 것?"

"네. 그건데요. 어떻게 '하늘, -이, 무척, 높-, -다'에서 '하늘-이 무척 높-다'를 생성해내고, '하늘-다 무척-이 높-'은 생성해내지 않을 수가 있지요?"

"일단 '-이'와 같은 조사는 '하늘'과 같은 것, 즉 명사와 병합할 수 있고, '-다'와 같은 어미는 '높-'과 같은 용언과 병합할 수 있다는 정보가 필요하겠지. 그런 것을 흔히 자질(feature)로 표현하는데 일단 조사를 J(Josa), 어미를 E(Ending)라 하고, '하늘'과 같은 것을 명사 N(Noun), 끝으로 '높-'과 같은 용언 어간을 V(Verb)라 해보지. 그러면 조사 J는 '-이'는 'N' 자질을 지니고, 어미 E '-다'는 'V' 자질을 지녀서 각각 명사 N '하늘'과 용언 어간 V '높-'과 병합한다는 것을 포착할 수 있지."

"아, 그러면 되겠군요. 그러면 '하늘-이'와 '높-다'가 만들어지니까 이 둘을 '무척'과 죽 이어서 붙이면 '하늘-이 무척 높-다'가 되네요."

"죽 이어서 붙인다고?"

"네."

"그럴까?"

"왜 그러시지요?"

"죽 이어지는 것으로 보면…… '귀여운 고양이'에서 '귀여운'이 '고양이'를 수식하는 것을 어떻게 설명할 수 있을까?"

"바로 이어지는 것을 수식한다고 보면 되지요."

"그래? 그럼 '귀여운 우리 고양이'는? 여기서도 '귀여운'이 '고양이'를 수식하는데 '귀여운'과 '고양이'가 붙어 있지 않네?"

"무슨 말씀을 하시려는 것인지……."

"아, 언어 모듈이 소프트웨어니까 '귀여운 고양이', '귀여운 우리 고양이'에서 '귀여운'이 '고양이'를 수식한다는 것을 포착할 수 있어야 하는데 단순히 죽 이어지는 것으로 보면 그런 사실을 포착하기 힘들다는 것을 지적하고자 하는 거야."

"그럼 어쩌죠?"

"자네가 한번 곰곰이 생각해봐. 어째야 하는지."

"'귀여운 고양이'든 '귀여운 우리 고양이'든 '귀여운'과 수식 관계(modification)를 맺는 것은 '고양이'라고 해야겠네요. 문제는 이 수식 관계가 단순히 바로 옆 이런 식으로는 포착되지 않는다는 것이고요."

"그렇지. 그래서 필요한 것이 구조(structure) 개념이지. 구조란 단순히 부분이 나열되어 전체를 이루는 것이 아니라 부분과 부분이 관계를 맺고, 이 단위가 또 다른 부분과 관계를 맺어 결국 전체가 형성된다는 개념이지."

"그러면 '귀여운 우리 고양이'에서 '귀여운'은 '우리'가 아니라 '우리'와 '고양이'가 합쳐진 '우리 고양이'와 병합하는 것이고, '우리 고양이'는 '우리'가 아니라 '고양이'니까 '귀여운'과 '우리 고양이'가 병합하면 '귀여운'은 '고양이'와 수식 관계를 맺게 되겠네요?"

"그렇지. '우리 고양이'는 '우리'가 아니라 '고양이'이므로 '고양이'를 '우리 고양이'의 핵(head)이라 하고 핵인 명사 N '고양이'는 '우리'와 병합하여 N′로 투사(projection)되고 다시 N′ '우리 고양이'는 '귀여운'과 병합하여 N″ '귀여운 우리 고양이'가 된다고 할 수 있지. 그러면 이런 그림이 가능해지지."

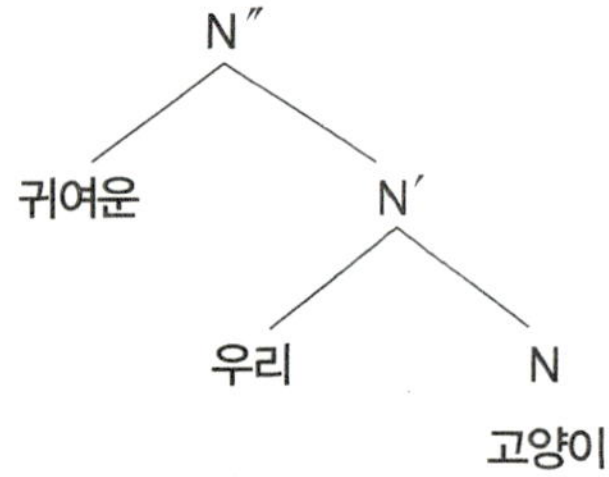

"아, 씨앗이 싹이 터 나무가 되듯이, N '고양이'가 씨앗이 되어 싹이 터서 '우리 고양이'가 되고 나무가 되어 '귀여운 우리 고양이'가 된다는 말씀이지요?"

"맞아. 그리고 나무로 이해하는 것이 꽤 근사하군. 그림을 가만 보면 뒤집힌 나무 그림이거든. 뿌리가 위에 있고 아래로 가지를 뻗고 있는. 맨 끝에 달린 '귀여운', '우리', '고양이'는 나뭇잎이나 열매로 보면 되겠지. 논리적으로는 '고양이'가 씨앗이어야 하는데 나무 그림에서는 잎사귀가 되는 게 조금 걸리긴 하지만."

"음, 그러면 이 그림을 보다 일반화시켜서 언어 모듈의 명령인 병합은 '항상 두 개를 합치라'는 것으로 보아도 괜찮을까요?"

"대부분은 그렇지. 전부라고 안 하고 대부분이라고 한 것은 예를 들어 '영이 그리고 바둑이' 같은 것이 여기 그리듯이 두 개씩 병합한 거라고 볼 수도 있지만 세 개가 동시에 결합한 것으로 볼 수도 있기 때문이지."

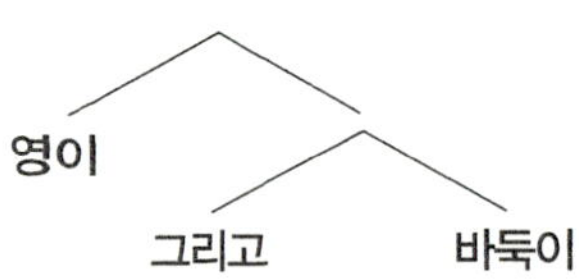

“다소 문제가 있기는 하지만 아무튼 ‘적절하게 병합하라’는 명령이 언어 모듈, 특히 통사부에 있는 것으로 보면 되겠군요. ‘적절하게’라는 것은 ‘자질에 맞게’로 이해하면 되고요.”

“그렇지. 그리고 병합이라는 것은 사실 우리 인간의 언어뿐만 아니라 인공적인 언어에도 나타나지. 예를 들어 프로그래밍 언어에도 병합 작용 같은 것이 있지. 다만 나무 그림이 아니라 다른 형식을 쓸 뿐이고.”

“네, 잘 알겠습니다. 음…… 오후 강의 때문에 지금 가봐야 될 것 같습니다.”

“그래? 조금 더 이야기할 것이 있는데, 아쉽군. 괜찮으면 이따가 다시 볼까?”

“네. 근데…… 조 모임 때문에 강의 끝나고 곧바로는 어렵구요, 저녁 즈음에나 시간이 날 듯합니다.”

“괜찮아. 차에 밥까지 같이했으니 남은 것 하나 있잖아? 간단하게 한잔 하지 뭐.”

“네. 그럼 이따가 다시 찾아뵙겠습니다.”

“그래. 이따 봐.”

산까치에서 ─ 언어 모듈의 작동 2

산까치에 참 오랜만에 온 듯하다. 예전 학부 시절에는 꽤 고급스런 카페였는데 언제 주점으로 변했더라? 노고산 숯불갈비, 진미, 동해횟집, 산까치…… 또 없나? 이름이랑 내용이랑 그대로 가는 것은 이 정도뿐인 듯하다. 갈수록 옛것들이 하나씩 둘씩 사라져만 간다. 좋기도 하고, 싫기도 하고…….

"자네 뭘로 할래?"

"아무거나 괜찮습니다."

"음…… 그럼 파전에 동동주나 할까? 오랜만에."

"네."

빈 잔은 채우는 것이 법이고, 채운 잔은 비워주는 것이 예의! 천천히 이런저런 얘기를 하면서 한 잔씩 비울 무렵 이 친구가 운을 뗀다.

"조금 더 하실 말씀이란 게 뭐죠, 선생님?"

"어…… 보자. 아, 아까 병합에 의해 구조가 이루어진다고까지 했지?"

"네."

"그럼 '영이가 철수를 사랑한다'는 어떻게 만들어질까?"

"일단 '영이'랑 '-가'가 병합, '철수'랑 '-를'이 병합, 마찬가지로 병합에 의해 '사랑한다' 형성, 그다음에 '철수를'과 '사랑한다'가 병합되고, 이어서 '영이가'가 병합되겠지요. 여기 그린 그림처럼."

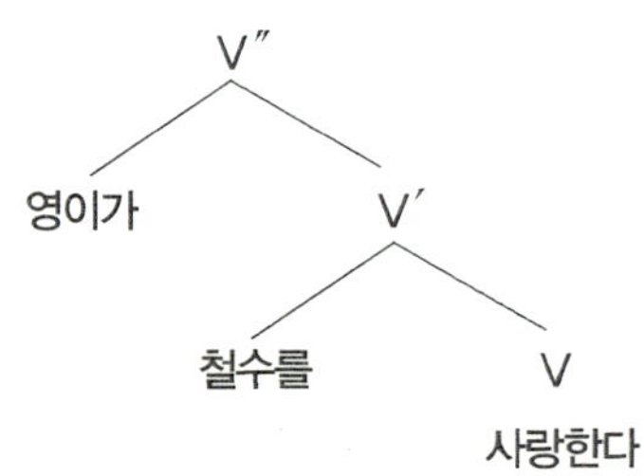

"왜 '사랑한다'가 목적어(object) '철수를'이랑 먼저 병합한다고 보지? 주어(subject) '영이가'랑 목적어 '철수를'이 먼저 병합하고 그다음에 '사랑한다'가 병합하면 안 되나?"

"그 문제를 아까 혼자서 생각해봤는데요. 흔히 재귀사(reflexive)라고 하는 '자기' 같은 것을 보건대 목적어가 먼저 병합하고, 주어는 나중에 병합하는 것으로 보는 게 좋을 듯합니다. 자세히 말씀드리면 이런데요……. 강의 시간에 했듯이 잘못된 것에는 별(asterisk)을 달겠습니다."

영이의 자기 사랑　　[영이의 자기 사랑이 문제의 원인이다.]

* 자기의 영이 사랑　　[* 자기의 영이 사랑이 문제의 원인이다.]

"이 예에서 첫 번째 것은 '자기'가 '영이'일 수 있는데, 두 번째 것에서는 그럴 수 없잖습니까? 그리고 이것을 구조적으로 보면 '자기'는 '영이'처럼 되받을 수 있는 것, 이런 것을 선행사(antecedent)라고 하는데, 아시죠?"

"응."

"네. 여기서 그림을 그려보면 재귀사 '자기'는 선행사보다 아래에 있어야 한다는 것을 알 수 있습니다."

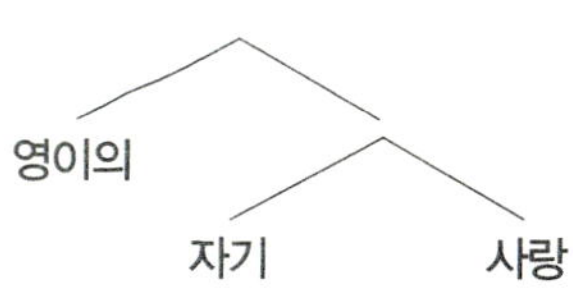

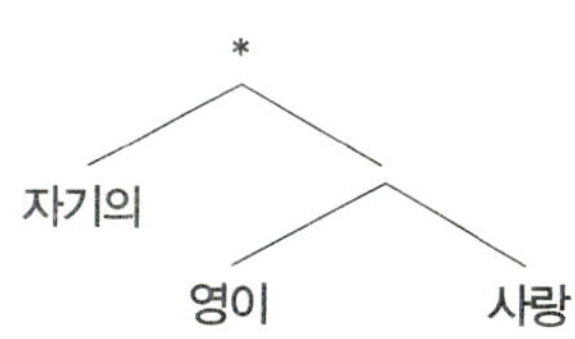

"그리고 이런 구조적인 해석을 주어와 목적어에 확대하면 주어가 목적어보다 위에 있어야 한다는 것을 알 수 있지요."

영이가 자기 마음을 고백했다.

* 자기가 영이 마음을 고백했다.

"그렇지. 그래서 목적어가 먼저 병합하고 주어는 나중에 병합하는 것으로 파악하지. 그리고 아까 노고산에서 말했듯이, 조사하고 어미를 어떻게 보느냐에 따라 자네가 그린 그림이 다소 달라질 수도 있고. 만약에 조사랑 어미가 통사부에서 병합하는 것으로 보면 그림이 이렇게 되지."

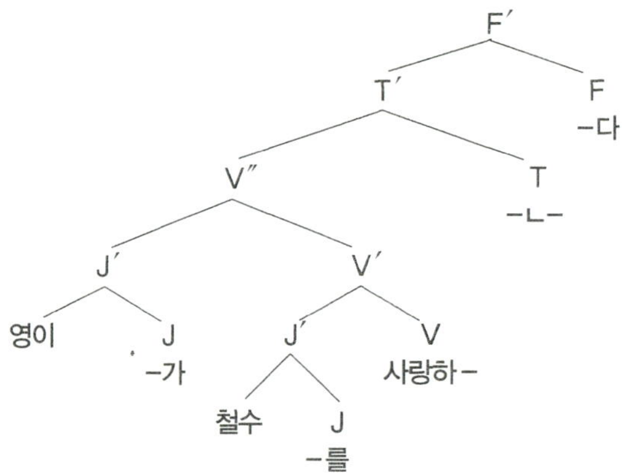

"그림이 좀 복잡해진 것 같습니다."

"그렇지. 조사랑 어미를 통사 구조에 따로따로 표시했으니 그림이 다소 복잡해지는 것은 당연하지."

"못 보던 기호들도 나타나는데요?"

"아, T는 시제(tense), F는 종결어미(final ending)의 약자야. 구분한다는 것이 중요하지, 명칭은 그다지 중요하지 않아. 학자에 따라서는 서로 다른 명칭을 쓰기도 하지. 그리고 투사가 끝났다는 것, 예를 들어 V가 V″까지 투사하면 V″ 대신에 VP로 표현하기도 하지."

"그러면 J′나 T′, F′는 JP, TP, FP로도 쓸 수 있겠네요."

"그렇지. 그러면 핵의 영향권을 시각적으로 더 잘 나타낼 수 있지."

"이런 표시 방법이 새로 말씀해주시려던 건가요?"

"아, 이건 참고로 알아두라는 거고. 말하려는 건 '철수를 영이가 사랑한다'를 어떻게 생성하느냐는 것이지. 좀 더 확장하면 아래 문장들을 어떻게 생성할까? 첫 번째 것은 위에서 했고."

> 영이가 철수를 사랑한다.
>
> 철수를 영이가 사랑한다.
>
> 철수를 사랑한다 영이가.
>
> 영이가 사랑한다 철수를.
>
> 사랑한다 영이가 철수를.
>
> 사랑한다 철수를 영이가.

"어느 것이든 '영이가'와 '철수를', 그리고 '사랑한다'만 병합하면 되지 않나요?"

"글쎄, 그럼 '자기 마음을 영이가 고백했다'는 어떻게 하지? '영이'가 재귀사 '자기'보다 아래에 있는데? 이 그림에서 보듯이."

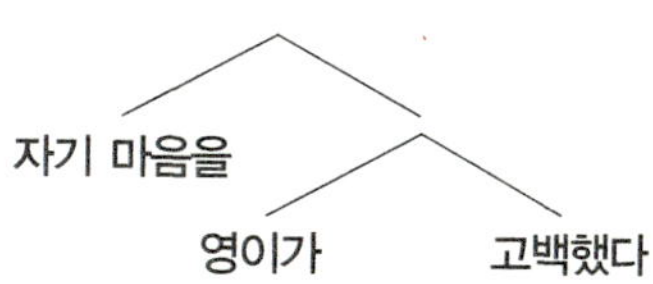

"……."

"방금 자네 말에 따르면 '자기'가 '영이' 아래에 있어야 하는데."

"그럼 원래는 '영이가 자기 마음을 고백했다'이고 나중에 '자기 마음을'이 앞으로 갔다고 보면 어떨까요? 이렇게요."

"아, 그러면 되겠군. 그러면 '자기 마음을'이 앞으로 가기 전에는 '영이'보다 아래에 있으니까 '자기'가 '영이'를 가리키는 것을 설명할 수 있고, 또 앞으로 간 후에는 '자기 마음을 영이가 고백했다'의 어순(word order)이 나오니까 말이야. 여기서 질문. 그러면 '자기 마음을'이 앞으로 가는 것은 무엇에 의한 것이지?"

"병합……은 아니네요. 합치는 것이 아니니까. 앞으로 움직인 것이니까 이동(movement)이라고 부르면 어떨까요?"

"그렇지. 이동이라고 하면 되겠지. 그래서 통사부에는 병합 외에도 이동이라는 작용이 있다고 본다네. 이것이 내가 아까 더 하려던 말이고."

"그럼 나머지 '철수를 사랑한다 영이가' 등도 다 이동에 의한 것인가요?"

"그건 논란 중이라네. 예를 들어 방금 자네가 말한 '철수를 사랑한다 영이가'는 어떻게 생성될까? 병합에 의해 '영이가 철수를 사랑한다'가 꾸며진 후 주어 '영이가'가 뒤로 움직인 걸까? 아니면 '철수를'과 '사랑한다'가 '영이가' 앞으로 이동한 걸까? 아니면 이동과는 별도로 또 다른 작용이 있어서 그 작용에 의한 것일까?"

"선생님은 어떻게 생각하시는데요?"

"음, 개인적으로는 이동과는 다른 무엇이 관여한다고 보는데…… 지금 연구 중이지. 다 쓰면 보여줄 테니까 읽어보고 도움 주게."

"네."

"자, 이제 얼추 정리되었으니 한잔하세. 억지로 먹지는 말고, 즐거울 정도로만."

"네. 그런데요…… 언어 모듈에는 통사부 말고도 어휘부, 음운부, 의미부가 있잖습니까?"

"그렇지."

"그럼 어휘부, 음운부, 의미부는 어떤가요?"

"그럼 다시 새로운 이야기를 시작해야 하는데, 오늘은 이만 하는 것이 어떨까? 하루에 다 끝내는 것보다는 두고두고 만나면서 길게 얘기하고 싶은데……."

"^^ 넵. 알겠습니다."

참고문헌

Adger, D., *Core Syntax: A Minimalist Approach*, Oxford University Press, 2003.

Jackendoff, R., 1994. *Patterns in the Mind: Language and Human Mind*, Basic Books, 1994 (이정민·김정란 옮김, 『마음의 구조』, 태학사, 2000).

Jackendoff, R., *Foundations of Language: Brain, Meaning, Grammar, Evolution*, Oxford University Press, 2003.

Pinker, S., 1997. *How the Mind Works.* Norton & Company Ltd., 1997(김한영 옮김, 『마음은 어떻게 작동하는가』, 소소, 2007).

김진우, 『언어: 그 이론과 응용』 깁더본, 탑출판사, 2003.

우울증, 자기 계발, 민주주의

– '촛불 소녀'와 '무기력한 20대'에 대한 사회학적 소묘

전상진
사회학

'쇠고기와 촛불'

2008년 최대의 이슈는 단연 '쇠고기와 촛불'이다. 지난 대선에서 압도적인 표차로 당선된 새 대통령은 2008년 4월 새로운 정부의 출범을 기념하고 한미동맹의 강고함을 확인하기 위해 미국을 방문한다. 그리고 방문 기간 동안 이른바 '쇠고기 협상'이 체결되면서 그동안 답보 상태에 머물러 있던 쇠고기 문제가 '해결'된다. 교착 상태에 있던 쇠고기 문제가 이렇게 해결되자, 한국의 대통령은 미국의 동료에게서 '큰' 대접을 받는다. 그는 한국 대통령으로서 최초로 바로 '그곳'에서 '숙박'할 수 있었다.

이런 모습은 현 대통령에 대한 세간의 평가가 그다지 틀린 것이 아니었음을 보여주는 듯했다. '결단력 있는 CEO 대통령!' 이러한 평가는 그러나 순식간에 뒤바뀐다. 4월 말, 한 방송 프로그램에서 광우병에 대한 의혹이 제기되고, 그로부터 3일 후에 첫 번째 '촛불 집회'가 개최된다. 새로운 사실들이 알려지면서(압권은 단연 오역!) 집회는 더욱 많은 지지와 참여를 끌어낸다. '촛불 시민'들의 요구는 쇠고기를 넘어 다른 이슈까지 확산된다. 10% 초반대의 지지율까지 경험한 대통령은 그토록 원치 않았던 추가 협상을 지시했고, 한 달 사이에 두 번이나 국민들에게—그 진의에 상관없이—머리를 조아렸다. 6월 말 현재에는 광장을 아예 봉쇄하였다. 앞으로 '촛불 집회'가 어떻게 끝날지 누구도 예측하기 어려운 상황이다. 한 가지 분명한 것은 앞으로 오랫동안 한국 민주주의에 대한 고민은 촛불을 중심으로 전개되리라는 점이다.

'촛불 집회'는 여러 측면에서 흥미로운 사건이다. 물론 이 글을 쓰고 있는 현재에도 집회는 나름의 방식으로 변화하고 진화하기에 이에 대한 논의는 자칫 섣부른 추론에 머물 위험이 크다. 그러한 위험에도 불구하고,

필자가 지적하고 싶은 사항은 20대[1]의 저조한 집회 참여다. 아니, 더 정확히 말하면, 내가 몸담고 있는 대학에서 느끼는 우리 학생들의 정치적 무관심이다. '원더걸스'와 같은 유명 연예인이 참석하는 축제 때와 같은 예외적인 상황을 제외하고 사뭇 고요한 대학 캠퍼스는 광장의 축제와 매우 다르다. 그곳의 10대 소녀들의 발랄함은 두꺼운 책들을 짊어지고 다니는 대학생들의 우울함과 기묘한 대조를 보인다. 대체 이들의 우울함은 어디서 오는 것일까?

'촛불 소녀'와 '88만 원 세대'

경제학자 우석훈은 현재 20대에게 '88만 원 세대'라는 암울한 명칭을 부여한다.(우석훈·박권일, 2007) 여기서 '88만 원'은 2007년 현재 한국의 전체 비정규직의 평균 임금(119만 원)을 전 연령대에 대한 20대의 임금 비율인 74%를 곱한 값이다.[2] 88만 원 세대는 잔인한 경쟁에 내몰린 현재의 20대를 표현하기 위해 사용된다. 여기서 경쟁 대상은 동년배가 아니라, 다른 세대들이다. 바로 이 점에서 20대의 '잘못된 운명'이 결정된다. 윗세대의 20대에 대한 착취는 무엇보다 비정규직으로 표현된다. 말하자면 윗세대들은 자신들의 단단한 일자리(정규직)는 수호하고 20대에게는 말랑한 것만을 제공한다. 우석훈의 말처럼, 현재의 세대 간의 경쟁, 즉 "승자 독식 게임의 특징은 이기면 된다는 것이다. 하지만 새파란 20대가

1 이 글에서 10대는 학생, 20대는 대학생을 지칭한다. 이로 인해 나타나는 위험, 즉 학생이 아닌 청소녀/년을 제외해서 생기는 위험을 필자는 그냥 감내할 수밖에 없다.

2 사실 이 명칭 역시 충분히 암울하지만 애초 '막장 세대'라는 이름도 고려하였다 한다.

관록으로 뭉친 40대와 50대를 무슨 수로 이길 수 있는가?"(우석훈·박권일, 2007: 21). 그렇기에 우석훈은 "토플책을 덮고 바리케이드를 치고 짱돌을 들"기를 20대에게 권고한다. 20대는 더 사회적이고 정치적으로 자신들의 목소리를 내야 한다. 세대 간의 착취를 문제 삼아 새로운 반전의 계기를 찾아야 한다. 그렇지 않으면 "20대들은 한 명씩 자신의 골방에 은폐되어 고립되고, 파편처럼 공격받으며 오히려 기성세대들의 희생양이 될 가능성이 높다".(우석훈·박권일, 2007: 290)

우석훈 박사는 20대의 정치적이고 사회적인 무기력을 '촛불 소녀'의 참여적 목소리와 비교한다. 한겨레신문 기고에서 그는 '한국의 좌파 소녀들'에 주목한다.(2008년 5월 8일) 이들은 "이미 2년 전부터 (……) 전체 세대, 계층 혹은 직업 중에서 가장 뚜렷하게 자신들만의 목소리를 형성하는 흐름을 보이고 있었다. (……) 이들은 어른들과 많이 달랐고, 특히 20대와는 분석 변수에서 정반대 모습을 보이고 있었다". 이 분석을 따른다면 왜 10대 소녀들이 집회의 첫 번째 '촛불'을 치켜들었는지를 이해할 수 있다. 하지만 여전히 의문은 남는다. 10대 소녀들은 변했다고 쳐도(그 원인은 여전히 미궁이다), 왜 20대는 이렇게 무기력한가?

이와 관련하여 필자 역시 나름의 해석과 가설을 여러 매체에서 밝힌 바 있다. 예를 들면 현재 10대의 주된 접촉 집단들, 특히 부모와 교사들이 이른바 386세대에 속하기에 이런 사회화 환경이 그들의 특성, 즉 나름의 생각을 가지고 있으며 이를 사회적으로 표현하고자 하는 욕구가 강한 특성을 만들었다는 가설을 표현한 바 있다. 또는 10대와 20대의 공동체 경험의 유무가 중요한 원인이 될 수 있음을 밝혔다. 이 해석은 세대사회학(sociology of generations)의 상식에 기반을 둔 것인데 이에 대해서는 약간의 설명이 필요하다.(좀 더 상세한 내용은 전상진(2004)을 참조 바람)

근대의 세대 운동과 동학(dynamics)은 근대 학교 제도가 성립되면서 그 모습을 제대로 갖춘다. 학교 제도는 동년배의 학생들을 오랜 기간 다른 세대 성원과 사회 제도로부터 독립, 혹은 감금하여 나름의 생각과 의식을 만들 수 있도록 돕는다. 오늘날 10대들은 이런 의미의 독립과 감금 상태에 있지만, 20대는 그것에서 이중적으로 '해방'되었다. 학교에서 보내는 시간대와 요일은 물론이고, 학과 역시 어느 정도는 스스로 선택할 수 있다. 특히 학부제는[3] 현재 대학생들의 학교 공동체에 대한 소속감을 약화시키는 제도다. 특정 집단이나 공동체에 대한 강력한 소속감은 집단행동의 중요한 기초가 된다. 10대에 비해서 공동체에 대한 소속감이 약한 20대는 사회적이며 정치적인 목소리를 내기 어려울 수 있다.

위의 가설에 기대어, 여기서는 10대와 20대의 자유와 책임의 차이에 주목하고자 한다. 다시 말해서 20대는 10대에 비해 더 많은 자유를 만끽하며 그에 상응하여 더 많은 책임을 져야 하는 상황에 처해 있다. 더 많은 자유와 책임은 사람들을 고립시키고, 자기 자신에게 몰두하도록 만든다. 그 결과가 바로 우울증이다.

우울증의 시대

한때 영혼의 고통은 고상한 것으로 간주된 적도 있었다. 미켈란젤로는 우울증의 예전 형태인 멜랑콜리(melancholy)를 기쁨이라고 표현한 바 있다. 예술가의 탁월한 감성적 능력이라고 할 수 있는 멜랑콜리는 자신의

3 이 부분은 현재 사회학과 대학원에 재학 중인 곽중현이 지적한 사항이다.

개인성을 표현하는 것으로 간주되었다. 그렇기에 미켈란젤로는 우울함을 기쁨으로 표현한 것이다. 하지만 상황은 바뀌었다. 우울증(depression)은 대중 질병이 되었다. 한 추정에 따르면, 전 세계적으로 약 3억 명이 우울증에 걸렸거나 이를 경험했다. 우울증은 사회 계층은 물론이고, 문화와 국적을 가리지 않는다. 12세 이하 아이들의 2%가, 20세 이하의 청소년 5%가 우울증을 앓고 있다. 한국의 경우에도 전 국민의 25%가 경증 이상의 우울증에 시달린다고(경험 포함) 한다. 우울증 확산의 또 다른 증거는 항우울제 사용의 확산이다. 항우울제 처방이 지난 몇 년간 폭발적으로 증가했음은 널리 알려진 사실이다. 뿐만 아니라 미국에서는 하천의 수중생물들에게서, 영국에서는 식수에서 대표적인 항우울제인 프로작(Prozac)의 성분이 검출되기도 한다. 프로작은 인간과 동물 모두 복용할 수밖에 없는 '기적의 치료제'가 되었다.

그렇다. 우리는 우울증의 시대에 살고 있다. 공허감, 무기력증, 탈진(burn-out)과 같은 우울증의 징후는 우리에게 매우 친숙하다.[4] 프랑스 사회학자 알랭 에렌베르(Alain Ehrenberg, 2004)는 우울증의 갑작스런 부상과 성공을 이해하기 위해서 심리분석(psyhoanalyse)의 태동기를 돌아본다. 프로이트는 심리적 고통에 언어를 부여한 사람이다. 그 이전까지 정신적인 문제를 가질 수 있는 사람들은 '미친놈'뿐이었다. 백 년 전 프로이트의 시대에 우울증은 광범위하게 확산되지 않았다. 그의 치료 대기실은 대체적으로 히스테리, 강박증과 불안에 시달리는 환자로 가득했다. 말하자면 당시에는 노이로제의 전성기였다. 에렌베르가 설명하길, 프로이트는 노이로제 개념으로 일련의 딜레마적인 상황을 표현하고자 했

4 이외에도 수면 장애, 삶의 즐거움의 실종, 자존감의 약화, 집중력 약화, 죄의식, 자살 충동 등이 있다.

다. 사람들은 사회에서 여러 유형의 딜레마를 경험하는데, 그것은 주로 엄격한 규범과 규칙들이 서로 충돌하면서 나타난다. 이런 의미에서 노이로제는 "죄의식의 질병이다(Krankheit der Schuld)". 서로 충돌하는 규범과 규칙 속에서 사람들은 이러지도 저러지도 못하는 상황에 직면한다. 그 상황의 해결은 특정 규칙을 위해 다른 것들을 무시, 즉 위반함으로써 가능하다. 규칙 위반으로 사람들은 죄의식을 갖게 되고, 이에 대한 처벌을 받으라는 생각에 두려움과 불안에 떨게 된다. 이러한 죄의식과 불안은 사람들을 옥죄는 결과, 즉 노이로제로 나타난다.

1960년대 후반에 들어 그와 같은 죄의식의 빛은 바래지기 시작한다. 특히 종교적이고 성적인(sexual) 규범 위반과 연결된 죄의식은 전반적으로 감소하였다. 이른바 68혁명은 새로운 시대의 시작을 알린다. 이 혁명은 전통적인 규범을 파괴하고 창의성, 개인성, 그리고 해방을 실현해야 한다고 외친다. 이 시대 이후에 적어도 서구 사회는 대대적인 규범의 변동을 겪고, 모든 것과 모든 이들을 옥죄는 강제로부터 해방되어야 한다고 요구하였다. 이런 조건에서 죄의식보다 '충분하지 못하다'는 감정이 문제가 된다. 모든 강제에서 해방된 상황에서, 따라서 죄의식을 야기하는 규범적, 문화적, 심리적 경계가 소멸된 상황에서 가능성의 경계가 중요하게 된다. 다시 말해서 '허용된 것과 금지된 것'의 경계를 '가능한 것과 가능하지 않은 것'의 경계가 대체한다. 금지된 것을 행함으로써 생기는 죄의식은 사소한 일이 되고, 대신에 무한한 가능성 속에서 '왜 그것밖에 못하는지'가 문제가 된다.

'불충분'의 사회적 낙인은 이른바 신자유주의적인 사회 모델이 승리하는 과정에서 더욱 힘을 받는다. 이 모델은 자유와 책임, 그리고 자아실현의 가치를 선호한다. 이것은 사회적 삶의 탈도덕화에 기여한다. 삶의 구체적인 내용이 중요한 것이 아니라, 불가능해 보이는 목표를 추구하는 삶의 영위 방식(Lebensführung) 자체가 삶의 목표가 된다. "네가 원하는 것을 하라. 물론 그것을 성공적으로 수행해야 한다." 이러한 격언에 맞게 모든 사회 성원들은 그들의 직업적이며 개인적인 성공을 자신의 능력으로 간주해야 한다. 물론 실패는 언제나 우리 곁에 있다. 하지만 기회를 살리지 못한 사람들은 타인들로부터 이해(동정이나 공감의 의미에서)를 구할 수 없다. 자신의 행동에 본인 스스로 책임을 져야 한다. 자아실현과 자유와 책임은 우리에게 새로운 가능성과 기회를 제공하지만, 그것이 현 사회의 규범이 되면서, 그것은 곧바로 새로운 부담으로 변화한다. 자아실현의 강제와 자유와 책임의 부담이 새로운 질병의 뿌리가 된다. 에렌베르크의 진단에 따르면, 자율성과 자기 주도성의 이념이 모든 사회 영역에서 주도적인 것이 되면서 우울증이 확산된다. 노이로제가 죄의식의 질병이었다면, 우울증은 자율과 책임의 질병이다.

현대 사회의 새로운 자아는 에렌베르크의 표현을 따르자면 "탈진한 자아(das erschöpfte selbst)"다. 신자유주의적인 환경에서 요구(직업, 가족, 교육 등)들은 끝이 없다. 개인들은 언제나 그 요구들을 충족시키기 위해 달려야 한다. 신자유주의의 무한한 요구는 말 그대로 '투쟁 영역'을 모든 생활 영역으로, 이를테면 생업은 물론이고, 사랑과 우정, 교육과 지식, 그리고 섹스에 이르기까지 '확장'한다.(Houellebecq, 2003) 무한히 확장된 투쟁 영역에서 나타나는 영속적인 경쟁은 언제나 탈락할 수 있다는 위험을 일반화하고 일상화한다. 여기서 우엘벡(Houellebecq)의 조언이자 경고를 기억해야 한다. "당신은 투쟁의 영역으로 진입했음을 기억하라."

금지와 복종 규율의 심리적 결과인 노이로제는 따라서 영속적인 동기 부여와 각성으로 인한 탈진의 결과인 우울증에 자리를 내준다. 역할과 규범을 따라야 한다는 강박과 이에 상충하는 욕망의 갈등으로 고통받는 규율 사회의 노이로제 환자는 무한한 요구 조건들을 충족시킬 수 없어서 자신의 결점과 부족함에 시달리는 현대 사회의 우울증 환자인 "부족한 인간(das unzulängliche Individuum)"을 후계자로 지목한다.(에렌베르, 2004) '부족한 인간'은 적극적인 행동이 요청되는 곳에서, 아무런 힘도 흥미도 느끼지 못한다. 창조성이 필요하지만, 아무런 생각도 없다. 세넷(Sennett, 2002)이 지적한 바처럼 '유연성의 강제' 속에서 정신적, 감정적으로 강팍해진다. 자의식은 무엇보다 자기에 대한 회의로 구성된다. 결정 능력은 물론 위험을 감당할 용기도 없다.

심리 치료와 자기 계발, 그리고 민주주의

에렌베르는 심리 질환에 대한 두 가지 상이한 치료 방법을 구분한다. 하나는 고장난 신체 부위를 '수리'하는 관점이고, 다른 하나는 이른바 '계몽'의 관점이다. 프로이트는 후자를, 동시대의 프랑스 심리학자 피에르 자네(Pierre Janet)는 전자의 관점을 대표한다. 자네는 심리적인 문제가 치료되기 위해서는 환자가 최면술과 같은 것으로(후에 전기 충격, 더 후에는 항우울제) 정신적인 힘을 강화해야 한다고 믿었다. 여기서 환자는 고장난 기계로서 의사의 처치에 내맡긴 존재로 간주된다. 의사는 일종의 기능공으로서 고장난 심리 부품을 수리하는 역할을 수행한다. 자네식의 치료 방식은 고장의 원인을 고려 대상으로 삼지 않는다. 단지 인간의 고장난 부위만이 고려의 대상이며, 인간이 다시금 행위할 수 있도록 돕는 것이 목적이다.

이와 달리 프로이트는 심리적 문제의 원인을 중시한다. 때문에 그는 원인을 찾기 위해 분석(그렇기에 정신분석)해야 한다고 믿었다. 이 과정에서 질병의 사회적 원인이 고찰되기 시작했다. 치료는 자네의 독점적인 치료 대상인 심리적인 기관만이 아니라, 그것과 사회적 조건의 연결 고리를 주된 탐구의 대상으로 삼게 된다. 이런 관점에서 치료의 목표는 고장의 제거나 이전 상태의 복원이 아니다. 오히려 개인으로 하여금 갈등과 충돌을 감내하고 그것을 자신의 인성의 구성 요소로 수용할 수 있도록 만들고, 경험 속에서 성장하고 학습할 수 있도록 돕는 것이 치료의 목적이다.(에렌베르, 2004)

프로이트는 딜레마적인 상황에서 필연적으로 파생되는 죄의식을 정신 질환의 핵심적인 범주로 상정한다. 이럴 수도 저럴 수도 없는 상황에서 나타나는 모든 행동은 언제나 하나의 규범 혹은 관례를 위반할 수밖에 없다. 행동을 하기 위해서는 위반할 수밖에 없고, 위반을 했기에 죄의식이 발생한다. 따라서 죄의식은 필연적이다. 이 죄의식은 의사의 수리로 고쳐지는 것이 아니다. 물론 약물을 통해 그것을 약화(중화)시킬 수는 있겠지만 약물이 죄의식 자체를 없앨 수 있는 것은 아니다. 정신분석을 통한 치료는 죄의식의 원인을 드러내어 그것을 제거하거나 용인하도록 한다. 물론 죄의식의 필연성을 생각하면 원인 제거는 사실상 불가능한 방법이다. 용인은 죄의식의 불가피성을 인정함으로써 그것에 대한 환자 자신의 관점을 수정하는 방법, 즉 자신의 죄의식과 함께 살아가는 방법, 혹은 그것에 대한 내구성을 키우는 방법을 말한다. 다시 말해서 프로이트에게 중요한 것은 환자의 능동성과 내구성이다. 환자는 자신이 직면한 딜레마적인 상황에서 발생한 갈등에 능동적으로 다가설 수 있어야 하며, 그것에 대해 내구성을 가져야 한다.

자네와 프로이트가 활동하던 당시에는 프로이트가 승리한 듯했다. 하지만 그 이후의 역사는 자네의 손을 들어준다. 이는 곧 고장난 심리 부품을 수리하는 기능공인 의사의 권위의 승리, 그리고 무엇보다 환자의 육체에 직접적으로 작용하는 치료제의 승리다. 자네의 승리는 심리적 질환을 치료함에 있어서 갈등을 회피하는, 즉 더욱 쉬운 방법의 승리로 귀결된다. 에렌베르는 다음과 같이 질문한다. "만약 의학적인 치료로 (……) [심리 질환이 치유될] 수 있다면, 왜 환자들에게 자신들의 갈등 상황을 직시해야 한다고 말해야 하는가?"(에렌베르, 2004: 122) 말할 것도 없이 갈등 상황에 대한 직시는 치료제를 통한 의학적인 치료보다 훨씬 고통스럽고 경제적이지도 못하다.

앞에서 이미 지적한 바처럼, 1960년대 후반부터 사회적인 규범과 관례들이 많은 영역에서 변화하기 시작했다. 사회의 원자화와 함께 해방으로 표현되는 개인화, 그리고 이것과 연결된 자신의 정체성을 찾으려는 노력들이 대거 등장하기 시작한다. 이로써 우울증은 몇몇 예술가나 정치인의 세계를 떠나 일반적인 재화가 된다. 이때부터 환자들이 급격히 늘게 되는데 그것의 원인은 분명치 않다.[5]

한 가지 분명한 것은 사회적 스트레스가 엄청난 정도로 증가했다는 점이다. 우리의 일상생활은 매우 조밀하게 채워지고, 과도한 요구는 지속적인 상태로 정착된다. 사회적인 연결망(가족, 친족, 공동체)은 붕괴되고, 소용돌이 속에서 표류하지 않도록 사람들을 묶어주는 사회적인 닻(anchor)은 특히 그것을 극도로 필요로 하는 사람들에게 점점 더 희소재가 된다.

5 그 원인으로 변화된 진단 방법, 혹은 변화된 삶의 조건들, 혹은 환자의 실질적인 증가 등이 제시된다.

자유, 자율적인 결정, 그리고 해방은 삶의 행로에서 중요한 이정표가 되었지만, 사람들은 이것이 우리를 어디로 이끌지를 잘 알지 못한다. 사람들은 외적인 곳에서 자신을 이끄는 힘과 목적지를 찾지 못한다. 밖에서 찾지 못하면, 안에서 찾으면 된다. 즉 사람들은 자기 자신에게로 귀환, 혹은 도피한다. 귀환의 실패는 우울증으로, 도피의 성공은 유사 종교나 자기 계발로 나타난다. 우울증과 내적인 도피는 "투쟁 영역의 확장"과 사회적 요구의 폭발적 증대에 대한 등가적인 대처 방안이다.

내적인 세계로의 성공적 도피는 진정한 자아를 찾고자 하는 노력에서 시작한다. 70년대, 특히 80년대와 90년대 서구에서는 비교적인(esoteric) 유사 종교의 시대가 시작된다. 이 시기에 유사 종교적 상품, 이를테면 뉴에이지(New Age), 이단적 종교 집단(sect), 영혼성(spirituality)은 폭발적으로 증가한다. 사회적 갈등을 불러일으키는 외적인 원인들은 무시되거나 회피되고, 모든 문제를 내적인 평안과 안정으로 해결하려는 운동들이 급성장한다. 유사 종교적 상품의 치유 방식을 에렌베르는 원인보다 고장난 신체에 집중하는 자네의 관점의 계승이라고 본다. 계속해서 에렌베르는 다음과 같이 설명한다.

> 이와 같은 치료적인 종교성은 [자네와 마찬가지로] 신체에 집중한다. 그것은 사랑의 메시지를 유포하고 치료를 믿음으로 고찰한다. 이것이 그들의 중요한 요소가 된다. 병리학에 대한 그들의 관점은 아마도 새로운 것이지만, 그러나 그들은 [자네의 관점을 수용한다. 즉] 고장의 원인을 수리하는 것이 아니라, 자아의 힘을 강화시키려 노력한다. [프로이트적인 의미에서] 심리적인 갈등에 대한 내구성을 키우는 노력은 무의미하며, 문명의 게으른 저주로 간주된다.(2004: 140; [ ]은 필자)

에렌베르가 미처 주목하지 못한 흐름은 바로 '자기 계발' 운동이다. 유사 종교적 운동의 새로운 면모를 우리는 이 운동에서 확인할 수 있다.(Redden, 2002) 자기 계발은 "행위자가 자기 변화와 개선을 목적으로 수행하는 행위로서, 특히 자기 관찰, 개입(학습), 그리고 평가를 아우르는 실천"을 말한다.(장희정 · 전상진, 2007) 현재 한국뿐만 아니라 전 세계에서 발견되는 자기 계발에 대한 찬미는 일시적인 유행을 넘어 하나의 문화 현상, 사회 현상으로 자리매김하였다.

자기 계발의 핵심적인 메시지는 자신이 직면하는 문제 상황을 스스로의 힘으로 돌파하겠다는 의지와 정신이다. 다시 말해서, 자기 계발에 심취한 사람은 어떤 실패나 어려움이 닥칠 경우, 그것을 '환경 탓'으로 돌리지 않는다. 자기 계발계의 구루(guru) 스티븐 코비(1994)가 말하듯, '성공하는 사람'에게 가장 중요한 습관의 하나인 자기 주도성은 "내면에서부터 변화하여 외부로 향하는 것은 물론 자신으로부터 시작하는 것을 의미"한다. 필자가 연구 과정에서 만난 한 자기 계발 수행자는 이를 다음과 같이 표현한다.

> 예전에는 환경 탓만 하면서 그것만 갖고 남의 핑계만 대고 있었다면, 지금은 처음엔 환경 탓을 해요. 하지만 이제는 받아들이고, 이 상황에서 내가 어떻게 해야 될까[를 고민합니다]. (……) 그렇게 하면서 조금 더 좌절하지 않고[즉 조금 덜 좌절하고], 좌절해도 금방 일어나서 다시 앞을 보고 나아갈 수 있는 그런 게 되는 거 같아요.

예전에는 환경 탓만 하고 주저앉아버렸는데, 이제는 실패 또한 성공의 밑거름이 되는 긍정적인 것으로 바라볼 수 있게 되었고, 그로 인해 미래를 향해 나아갈 수 있는 힘을 얻게 되었다는 것이다. 그러나 그들이 말하는 긍정적인 사고는 어떤 의미에서는 환경에 대한 체념으로 볼 수도 있다. 앞서 말한 연구 과정에서 만난 또 다른 자기 계발 수행자는 그러한 체념을 다음과 같이 표현한다.

> 환경이오? 그래도 어차피 안 바뀌는거고(sic!)…… 내가 할 수 있는 건…… 내가 결정할 수 있는 건 나밖에 없잖아요. 내가 뭘 한다고 해서 바뀌는(sic!) 것도 아니고.

자기 계발 수행자들은 환경을 개인의 영역 밖에 있는 것이고, 바꿀 수 없는 것으로 여긴다. 그렇기에 개인이 할 수 있는 것은 또다시 자신이 변화하는 수밖에 없는 것이다. 자기 변화에 있어서 변화의 주체, 즉 '나'의 변화는 자기 변화의 시작이자 끝이다. 사회에 대한 불만을 갖게 되고, 환경이 변해야 한다는 생각을 가지더라도, 자기 계발 수행자들의 시작점은 언제나 '나'로부터 시작한다. 즉, '내가 변하면 성공한다'는 진리가 개인, 조직, 사회 변화에도 적용되는 것이다.

자기 계발 수행자에게서 확인했던 위와 같은 특성들은 결국 "개인화의 통치"가 성공적이었음을 보여준다.(Masschelein & Ricken, 2003: 144) 개인화의 통치는 "개인들을 분할하고, 타인들과의 연결을 분쇄하고, 그러나 또한 개인들을 진정으로 개인으로 만드는 것을 훼손"하는 문제를 발생시킨다. 요컨대 개인화된 자기 통치는 사람들을 자신의 문제에만 집중시키고, 결과적으로 탈정치시킨다. 자기 계발과 심리 지향적인 문화는 동일한 효과를 자아낸다. 사회학자 래시(Lasch)는 현대 미국의 문화(심리 치료 문화)를 나르시시즘적 문화로 보면서, 이 새로운 문화가 이

제껏 "미국 문화의 골격을 이뤘던 종교를 대치한 이후 치료에 대한 전망이 이데올로기의 마지막 보루인 정치마저 대치시키려고 위협한다. 관료제도는 집단적 불만을 치료가 개입할 수 있는 개인적인 문제로 변모시켰다"고 주장한다.(1989: 29) 심리 치료는 공적이고 정치적인 문제를 순전히 개인적이고 사적인 것으로 간주하고, 고통의 사회적 원인을 모호하게 함으로써 이데올로기로 작동한다.

에렌베르크의 입장에서 후기 근대에 등장한 유사 종교와 자기 계발(심리치료), 그리고 우울증의 특성은 바로 갈등의 회피와 그로 인한 탈정치화로 볼 수 있다. 갈등 해결에 직접 힘쓰기보다 이를 없는 것으로 간주하거나, 개인의 관점에서만 고찰하는 것이다. 개인성·주체성과 민주주의에 갈등은 매우 중요한 의미를 갖는다. 민주주의는 사회적 갈등의 제도화로 파악할 수 있다. 민주주의는 그러한 갈등의 생산적인 '길들이기'를 의미하며, 사회적인 것의 다차원적인 단절과 분리를 갈등적인 사회의 통일체로 통합한다.(바로 밑에서 상술) 개인의 수준에서도 갈등은 이와 유사한 기능을 수행한다. "서로 충돌하는 욕구로 단절되고 분리된 자아는", 이를 프로이트의 용어로 말하면 이드, 자아와 초자아로 분절된 자아는 "욕구 간의 갈등이 촉발하는 관계를 통해서 비로소 자아로서 등장한다".(에렌베르크, 2004: 257f.) 계속해서 에렌베르크는

> 갈등의 제도화로 서로 모순적인 이해관계들이 자유롭게 서로 대적하게 되고, 수용할 수 있는 타협안을 찾을 수 있게 된다. 그것은 바로 민주주의의 조건이다. 왜냐하면 그것이 정치적인 무대에서 사회적인 차이와 거리를 표현할 수 있도록 만들기 때문이다. 같은 의미에서 심리적인 갈등은 자신의 위상과 그것의 존재 이유를 정당화하는 조건이 된다. 그것은 근대적

인 개인성의 특성을 보여주는 것이다. (……) 정치적인 삶이나 사적인 삶에서 갈등은 민주적인 문화의 규범적인 핵심이다.(11)

하나의 사회적 생존 단위, 즉 집단이나 조직, 혹은 국가가 통일체로서 존재하는 것이 의미하는 바는 갈등이나 대립, 혹은 모순이 없는 상태를 지칭하는 것이 아니다. 그러한 특성들을 여전히 지니면서도 하나의 단위로서 지속되고 진화하는 상태를 말한다. 예를 들어 대학은 다양한 집단들, 즉 학생과 교수 그리고 직원으로 구성된다. 이들 집단들은 나름의 이해를 지니기에 갈등하고 대립하지만 하나의 통일체를 구성한다. 이를 위해 학내 민주주의가 필수적이다. 그런데 이것은 이들 특성들을 회피하고 무시하여 이룩되는 것이 아니다. 오히려 이를 명확히 인지하고 '소통'을 통해 양보와 인정, 타협을 이끌어냄으로써 이룩되는 것이다.[6] 좀 더 정확히 말해서, 민주적 사회는 정치적 주체를 필요로 하는데, 이 주체는 갈등 속에서 스스로를 구성할 수 있으며(위 참조) 그래서 자신의 감정 상태(자아로의 몰입)에서 벗어나 자신의 환경에 영향력을 발휘할 수 있는 위치에 있어야 한다.(에렌베르, 2004) 그러나 우울증과 자기 계발의 시대에 지배적인 새로운 정치적 관점은 상반되는 이해관계에 근거한 갈등에 주목하지 않는다. 새로운 정치의 목적은 규범적이며 사회 구조적인 강제와 억압을 철폐하여 개인적인 행위를 수월하게 만드는 것이다.(에렌베르, 2004) 관료제뿐만 아니라 연대성, 사회 정의, 평등 지향성도 새로운 정치의 눈에는 개인의 자유로운 활동을 가로막는 강제와 억압에 속한다. 그러나 이들 네 가지 항목들은 사회적 갈등을 풀려는 노력이 제도화되면서 나타난 성과

6 물론 여기서 '소통'은 2008년 현재 언급되는 그것과는 전혀 다른 의미로 사용된다.

물이기도 하다. 결국 갈등에 대처할 수 있는 능력과 민주주의는 사라지고, 대신에 자폐증과 활동 항진성(hyperactivity)이 그 자리에 선다. 이제 개인은 자폐적인 세계에서 자신의 문제만을 해결하기 위해 한시도 쉬지 않고 활동한다. 이 과정에서 민주주의와 (전통적 의미의) 정치는 소멸된다.

'대학생이여, 너의 스펙에 목숨을 걸어라!'

지난 4월, 한 대학에서 열린 특강의 안내 포스터 카피는 다음과 같다. '대학생이여, 너의 스펙에 목숨을 걸어라!' 한국의 청소녀/년들은 두 가지에 목숨을 건다. 대학 이전에는 성적에, 대학 이후에는 '스펙'에! 목숨을 걸어야 하는 점은 같지만, 한 가지 차이점이 있다. 대학 입학 이전의 청소녀/년들이 규율과 억압이 지배적인 학급이라는 공동체 안에서 산다면, 대학생들은 자율과 해방(물론 매우 협소한 의미에서)의 기조 아래 철저히 개인화된 상황에서(제도적으로는 학부제) 생활한다. 바로 여기서 '촛불 소녀'와 '무기력한 20대'의 분리가 시작된다.

규율과 억압적 상황에서 성장하는 10대 청소녀/년들은 에렌베르크가 말하는 의미에서 집단적으로 갈등에 대처한다. 육체적 피로('0교시'), 학업 부담('영어 몰입 교육'과 '일제 고사' 및 '학교의 과외화'), 그리고 건강의 위험('쇠고기')과 같은 상황은 혼자서 해결하기 쉽지 않다. 그것에 대해 집단적으로 대처할 때 비로소 해결의 실마리가 보인다는 것을 인식한다. 이에 반해 자율과 해방적 조건에서 나름의 방식으로 자신의 생존을 도모해야 하는 대학생 청소녀/년들은 '자아로의 몰입'을 통해 문제를 해결한다. 이런 이유로 이들은 어린 동료들에 비해 상대적으로 비정치적이다. 물론 자율과 해방만이 20대의 '자아로의 후퇴와 몰입'에 영향을 미치는 것은 아닐 것이다. 아마도 그들이 10대보다 '불안정(précarité)'에 더 가까이 있기 때문일 수도 있다.

신자유주의적 환경에서 다시금 주목받기 시작한 빈곤의 문제를 포착하기 위해 80년대 프랑스에서 사용되기 시작한 '불안정' 개념은 "개인과 가족이 기본적인 책임을 짊어지고 기본 권리들을 향유하도록 허용하는 안정(장치들)이 부재한 상태"를 의미한다.(이영자, 2002: 22) 사회학자 부르디외(P. Bourdieu, 2004)가 "새로운 유형의 지배 양식"이라고 명명한 불안정은, 사람들로 하여금 "복종하도록 강제하고 착취를 수락하게 끔" 한다.(부르디외, 2004: 126) 고용 관계에 국한해서 말하면, 불안정은 고용 관계를 '유연'하게 만들어(세넷, 2002) 피고용자들의 경쟁을 강화하는 효과가 있다. 이렇게 되어 전통적인 사회적 경계(계급, 지역, 세대)에 근거한 경쟁은 개인적 경쟁으로 변화된다. 부르디외(2004)가 표현한 바처럼, 오늘날과 같이 "실업률이 최고에 도달할 때, 그리고 불안정 취업이" 많은 사람들에게 영향을 미칠 때 일자리는 매우 "귀한 것이 된다. 그리고 노동자들은 고용주에게 감사하게 된다".(124) 그 결과 "일을 잡기 위한 경쟁은" 매우 가혹하며, 이 경쟁은 "야만적이다. 이는 만인의 만인에 대한 진짜 투쟁의 원리로서 인간의 모든 연대와 인간성의 가치를 파괴"한다.(125)

이것이 '집단적 우울증에 빠진 세대'로서, '자기 계발 세대'로서, 무엇보다 '88만 원 세대'로서 오늘날 20대가 직면한 상황이다. 비인간적인 경쟁의 파괴적인 결과는 사실 개인들이 스스로 해결하기 매우 힘들다. 물론 사회학자 앤서니 기든스(A. Giddens)나 울리히 벡(U. Beck)과 같은 이들은 '자기 계발'을 통해 이러한 사회적 문제의 소용돌이를 성공적으로

'서핑'하기를 권고하기도 한다. 우석훈이나 부르디외는 정치적 행동, 즉 "토플책을 덮고 바리케이드를 치고 짱돌을 들"고 저항하기를 권유한다. 하지만 안타깝게도 많은 사람들이 저항도 서핑도 못한다. 현실의 소용돌이를 지배하지도 못하고, 이에 대항도 하지 못한 채, 우울증에 빠져 자신의 부족함을 자책하고, 공허감에 괴로워하고, 무력감에 빠져 종국엔 소용돌이에 휩쓸려 '표류'하는 것이(세넷, 2002) 우리의 숙명일지도 모른다.

광장의 외침도 시끄럽고, 코비의 '세븐 해비츠'도 지겹다. 난 오늘 그냥 '시체놀이'나 하며 나의 우울함을 즐기련다. 비록 우울한 놀이에 빠진 우리들을 보며 누군가 회심의 미소를 짓는다 할지라도…… .

참고문헌

Ehrenberg, A., *Das erschoepfte Selbst*, Campus, 2004.

Masschelein, J. & Ricken, N., "Do we (still) need the concept of Bildung?", *Educational Philosophy and Theory* 34(2), 2003, pp.139~154.

Redden, G., "The New Agents. Personal transfiguration and radical privatization in New Age self-help", *Journal of consumer culture*. 2(1), 2002, pp.33~52.

래시(Lasch, C.), 최경도 역, 『나르시시즘의 문화』, 문학과지성사, 1989.

부르디외(Bourdieu, P.), 현택수 옮김, 『맞불』, 동문선, 2004.

세넷, 리처드(Sennett, R.), 조용 옮김, 『신자유주의와 인간성 파괴』, 문예출판사, 2002.

우석훈 · 박권일, 『88만 원 세대』, 레디앙, 2007.

우엘벡(Houellebecq, M.), 용경식 옮김, 『투쟁 영역의 확장』, 열린책들, 2003.

이영자, 2002. 「프랑스의 '좌익 근대화'와 배제의 사회」, 『현상과 인식』 88, 9-36, 2002.

장희정 · 전상진, 「자기 계발의 시대, 자기 계발의 약속, 그리고 자기 계발의 위험」, 『비판사회학대회 '민주화 20년과 포스트 87년 체제의 전망』(2007년 11월 3일), pp.402~412.

전상진, 「세대 개념의 과잉, 세대 연구의 빈곤. 세대 연구 방법에 대한 고찰」, 『한국 사회학』 38(5), 2004, pp.31~52.

코비(Covey, S.), 박재호 외 공역,
『성공하는 사람들의 7가지 습관』, 김영사, 1994.

명왕성에서 온 아이들

– 청소년의 존재와 문화

정유성

교육문화학

둘러보며: 청소년 없는 사회, 생활 없는 학교

요즘 한국 사회에는 일찍이 듣도 보도 못한 일이 벌어지고 있다. 말도 많고 탈도 많던 청소년이 문제 집단이 아니라, 삶과 나랏일 굵직한 주제를 내걸고 제 뜻을 펼치는 주체로 나섰으니 말이다. 그 방식조차 새롭고 다르며, 발랄하다 못해 발칙하다. 깜찍한 구호로 핵심을 밝히고 의표를 찌르며, 전혀 예상할 수 없는 기발한 형태로 모였다간 흩어진다. 또 온갖 첨단 통신 기구와 인터넷을 넘나들며 소통하여 '집단 지성'이라는 것을 만들어낸다. 요컨대 이러쿵저러쿵 청소년에 대해 찧던 입방아에 자주 오르던 텅 빈 개념에 살과 피를 채워준다고나 할까? 이를테면 눈부신 '생활 정치'의 표상이며, 힘찬 '저항 문화', 아니 '대안 문화'의 상징을 보여준다. 여기 놀란 어른들끼리 이들이 왜 이러는지, 아니 이들이 대체 누구인지 엉뚱한 뒷담화만 무성하다. 그렇지만 정작 있는 그대로 청소년의 존재를 아는 사람은 그리 많지 않다. 게다가 지금 당장 보이는 모습이 결코 전부는 아니다. 끊임없이 달라지고 바뀌는 것이 이들이다. 그래서 우리 앞에 거듭 새로운 존재로 우뚝 선 이들을 제대로 만나고, 알고 또 사귀는 일이 시급하고 절실하다.

청소년은 지금, 여기 빼놓을 수 없는 주제이며 스스로 제 삶의 주체다. 그런데 조금 냉소적으로 말해도 된다면, 사실 한국 사회에 청소년은 없다. 아니, 있을 수가 없다. 청소년은 없고, 단지 학생만 있다. 학교에서는 오로지 입시 성적만 따지고 공부하는 학생 신분이나 챙길 뿐, 청소년이라는 삶의 기간, 인간의 정체성은 아예 관심 밖이다. 굳이 있다면 청소년위원회 보호 대상으로 있거나, 청소년개발원의 연구 주제로나 있다.[1]

물론 실제로 학생이 아닌 이질 집단, 일탈 집단으로 학교가 내다 버린 쓰레기, 떨거지로 내던져진 문제 청소년 무리가 있기는 하다. 이들은 있는 그대로 받아들이고 관심 쏟으며 이야기에 귀 기울여주는 집단이 아니라, 사회적 정리해고의 상대, 아니 아주 냉소적으로 말하자면 사회적 학살의 대상일 뿐이다. 이것이 한국 청소년들 삶이요, 운명이다. 처음부터 이 땅에 청소년으로 산다는 것 자체가 큰 고통이요, 무거운 업이다. 내 새끼는 끔찍이도 끼고 돌면서 같은 또래 청소년은 안중에 없거나, 함부로 해도 좋은 아이들일 뿐이다. 그저 흉한 일이나 터져야 혀를 차며 걱정하는 거리로, 내 아이는 그렇지 않겠지 안도하는 잣대로, 저것들 봐라 하고 손가락질하는 욕받이로나 삼을 따름이다.

세상은 헝클어질 대로 헝클어지고 교육은 교육대로 엉망진창이다. 무엇보다도 교육이 감당해야 할 가장 중요한 몫인 자라나는 세대를 보듬고 함께 자라는 일에는 손방이다. 오죽하면 아이들이 '밥 좀 먹자, 잠 좀 자자'며 거리로 나서겠는가? 가뜩이나 어지러운 세상에 글 배운 사람 노릇에다 교육, 청소년 문화 공부하고 가르치는 사람 노릇 어렵다는 푸념만 하고 있기에는 사정이 너무 절박하다. 고단하고 괴롭다 못해 그 알량한 존재 이유를 면피라도 하려고, 새삼 우리 앞에 제 존재를 종주먹 대기 시작한 청소년에 제대로 눈을 주고 귀 기울여달라고 되잖은 글이나마 써보려 한다. 더도 말고 덜도 말고 심각한 문제 상황을 제대로 인식하고 문제 삼아서 이 시대 전환기에 청소년들 불행을 감지하고, 나아가 이들과 함께 진정

1 아무려나 그나마 보호에서 육성으로 패러다임을 바꾸며 제법 자리를 잡아가던 청소년 정책을 총괄하는 국가청소년위원회는 정권이 바뀌면서 쥐도 새도 모르게 사라졌다. 또 차갑기 짝이 없는 개발독재 시대 냄새가 물씬 풍기는 '개발원'이라는 촌스러운 이름을 한동안 모든 인문사회 영역에 다 붙여놓았다간 다행히 얼마 전 청소년개발원은 청소년정책연구원으로 이름을 바꿨다. 그러고는 몇 달도 못 되어 보건복지가족부 아동청소년실로 통합된 부서 관할로 존재 자체의 위기를 겪고 있다. 참고로, 여성개발원도 여성정책연구원으로 바뀌었지만, 교육개발원은 이미 널리 알려진 이름이라고 그대로 고집하겠단다. 뒤에 얘기하겠지만, 그야말로 한국 교육의 고루하고 시대착오적인 인식 수준을 고스란히 드러내는 우스개가 아닐 수 없다.

바람직한 삶의 문화, 교육 문화를 만들어갈 수 있으리라는 바람에서다.

살펴보며: 새로운 삶터, 낡은 사람들

한국 사회처럼 빨리 달라지는 사회도 드물다. 우리는 남들이 수백 년 걸려 어렵사리 치러낸 산업화를 수십 년 만에 서둘러 뚝딱 해치웠다. 겨우 한 세대 남짓 만에 산업화 전 시대, 옛 질서가 정보화 시대, 포스트모던이라는 새로운 시대, 새 질서로 바뀐 것이다. 하도 빨라 알아채기조차 쉽지 않지만 그 속도는 어지러울 지경이다. 우리는 이런 속도에 홀려 사람과 사람 사이 일에는 너무도 소홀했다. 오로지 먹고사는 일에 바빠, 그리고 양적인 성장에만 눈 어두워 모든 것 무릅쓰고 내달아, 삶터 구석구석 동티가 난 것도 모르고 살았다. 앞뒤고 옆이고 돌아보지 못하고 살아온 영혼은 황폐하고 사람 사이는 아귀다툼이 되었고 사람마다 줏대 없이 허청거린다.

너무 빠르게 달라졌을 뿐 아니라 앞뒤가 뒤섞인 세상에 사는 우리는 그 속도에 어지럽고 변화에 치인다. 겉으로는 이런저런 변화에 빨리도 적응한 듯 보인다. 이를테면 언제 적부터라고 자동차 없으면 못 산다는 듯 온통 거리를 만인에 대한 만인의 투쟁 장소로 만든 것이 그렇다. 저마다 손에 쥔 휴대전화로 서로를, 스스로를 묶고 자리 잡은 일도 그렇다. '더 많이, 더 빨리, 더 크게' 엄벙덤벙 살아온 탓에 살 만한, 사람다운 구석은 찾기 어렵다. 그러면서도, 아니 그러기에 기댈 언덕, 안길 안온한 품을 찾는다. 하지만 그런 옛것, 옛 질서, 옛 품은 사라진 지 오래다. 바로 가족이 그렇다. 대가족은 이미 사라진 데다, 핵가족조차 어느새 핵분열하고 있다. 이혼율은 다락같이 높고 출산율은 바닥을 치는데, 마지막 남은 버팀목조차 잃어버린 사람들은 끈 떨어진 연처럼 어찌할 바를 모르고 헤맨다. 우리가 흔히 저지르는 실수는 세상이 얼마나 달라졌는지 겉으로만 아는 체, 익숙한 척하고 정작 그 속내는 모르쇠한 체 막무가내 억지를 쓰는 것이다. 특히 가장 가까운 삶의 터전과 인간관계의 변화를 말이다. 달라진 가족 문화 안에서 제자리를 찾지 못하고 여전히 에헴 하거나 몰래 두리번거리는 벌거벗은 임금님 같은 아버지 모습이 그 전형적인 우스꽝스러운 몰골이다. 그러면서 그토록 위하고 떠받드는 척하는 자라나는 세대마저 오해하고 곡해하여 그 존재조차 아득하게 만든 것이다.

몇 세대 전만 해도 청소년의 삶이 따로 없었다. 더 옛적에는 아동기를 인정하지 않고 그저 어른 되어가는 예비기로 보았듯이 청소년기는 새롭게 등장한 삶의 시기다.[2] 평균 수명이 길어지고 교육 기간이 늘어나면서 그 예비기가 독자적 삶의 시기로 대접받기 시작한 것이다. 하지만 오늘날까지도 어느 사회건 여전히 어른 중심의 세상인 만큼 이들을 제대로 대접하고, 스스로 주체로 나서 삶이나 문화를 만들도록 해주는 일은 아직 멀기만 하다. 우리처럼 무엇이든 급하게 달라지고 바뀌는 사회에서는 문제가 더욱 심각하다. 한편으로는 미처 꼼꼼히 생각해보고 채비도 하기 전에 청소년기가 너무 급하게, 문득 생겨났다. 다른 한편 한국 사회의 어른들은 제대로 청소년기를 겪지 못했다. 전쟁과 궁핍을 겪으며 어려운 시절 살아오면서 그럴 여유도 없었으려니와, 또 그런 체험이 가능하지도 않았던 각박한 청소년기를 보냈을 뿐이다. 그러니 이제 겨우 제대로 된 청소년기를 살고 누릴 만한 시대를 맞아 자라나는 세대에게 그 체험을 제한하려 드는

2 그래서 유명한 인류학자인 필립 아리에스는 '아동기의 창조(The Invention of Childhood)'라는 말까지 쓰고 있다.(Ariès, 1990) 청소년의 역사와 관련해서 다양한 논의들이 있지만 모두들 산업 사회부터 청소년기가 시작된 것으로 친다.(Levi/Schmitt, 1995)

것이다.

청소년기를 제대로 지내지 못하고 오늘날 청소년을 제대로 알지 못하는 어른들이 제멋대로 꾸려가는 삶터에서 청소년이 제 삶을 살기란 녹록지 않다. 앞에 늘어놓은 여러 가지 흉한 꼴들이 그 방증이다. 어른들에게는 오늘날의 청소년이 한편 낯설고, 두려우며 동시에 샘이 나고 미울 것이다. 자신들 청소년기와 전혀 다른 세상에서 다르게 사는 집단이니 그렇고, 또 그런 처지가 부러우면서 속으로는 은근히 얄밉고 화가 나기도 할 것이다. 그러니 자신들이 지배하고 있는 사회에서 청소년이 나름대로 삶을 살지 못하도록 규제와 통제로 억누르고 길들이고 싶어한다. 그렇지 않고야 어떻게 늘 떠들듯이 사회의 앞날을 짊어지고 나갈 미래의 주인공들을 마치 무슨 범죄 집단, 기피 집단처럼 대하고 다룰 수 있겠는가?

그중 가장 눈에 띄는 모습을 가족과 학교라는 청소년들의 주된 삶터에서 살펴보도록 하자. 먼저 청소년들이 가족 안에서 어떤 자리를 차지하고 있는지 보자. 우리 삶터에서 가장 많이 달라졌으면서도 여전히 옛꿈에 사로잡혀 안온한 품의 환상을 만들어내는 것이 다름 아닌 가족이다. 엄청난 사회 변화에 따라 마땅히 달라져야 할 새로운 가족 문화는 멀기만 하고, 옛것을 고집하자니 그 바탕부터 흔들린다. 그러다 보니 오히려 이제는 낡아버린 옛 질서에 매달리려 안간힘을 쓴다. 이를테면 가족 구성원 사이의 인간관계가 달라질 수밖에 없는 현실은 나 몰라라 하고 '뿌리 너무 깊은 나무'와 같은 전통적인 가부장적이며 어른 중심의 사고를 고집하는 것이 그렇다. 문제는 지금 우리 사회의 가족 안에는 서로 다른 세대 정도가 아니라, 서로 다른 인종이 함께 살고 있다는 데 있다.

양적인 성장과 풍요의 열매를 누리며 자라나는 세대인 청소년들은 어른들의 이런 고정관념이나 과거 지향적인 인간관으로는 도저히 이해할 수 없는 새로운 인종이다. 아니, 외계인이다.[3] 상징적으로 '컴맹' 엄마와 '컴광' 아이가, '7080 콘서트'나 '열린 음악회' 세대 아버지와 '음악중심'이나 'M.net', 아니 자신들만의 라이브 무대 세대인 아이들이 서로 소가 닭 보듯 하며 한 지붕 밑에 사는 꼴이다. 이렇게 다른, 달라도 너무 다른 세대끼리 함께 살면서 정작 가족 구성원 사이 인간관계는 여전히 수직적 위계질서와 분업을 바탕으로 한다. 아버지는 군림하고 어머니는 보살피며 자식들은 복종하고 말 잘 듣고 공부 잘해야 한다. 이런 이른바 삼류 '가족 시네마'[4] 상황에서 어른들과 생김이나 속내, 버릇까지 다른 청소년들은 숨이 막힌다. 아직은 경제적이나 사회적, 심리적으로 홀로 설 힘도 없고, 채비도 갖추지 못한 청소년들은 수굿하니 자신의 존재를 죽이고 수직적 관계에 눌려 복종하며 덜 자란 어른으로 살기를 강요당한다. 그조차 못 견디는 청소년들은 "어른들은 몰라요" 하면서 몰래, 또는 짐짓 튀고

---

3 내가 청소년이나 교육을 주제로 한 강연을 할 때 자주 쓰는 비유가 있다: "널리 알려진 책 제목 중에 '화성에서 온 남자, 금성에서 온 여자'라는 것이 있는데, 이들이 결혼해서 아이를 낳으면 어디서 오느냐, 바로 명왕성에서 온다, 그런데 그 명왕성이 급기야 행성 반열에서 탈락했으니 그 아이는 명실 공히 다른 은하계에서 오는 셈이다." 청소년들이 흔히 쓰는 인터넷이나 휴대전화 언어를 '외계어'라고 부르는 것 또한 전혀 근거 없는 말이 아니다. 예를 들어보자. '킹왕짱' '우왕ㅋ굳ㅋ' 정도야 알 만한 사람 다 알겠지만, '글설리' '오나전' '넴사벽' 정도면 가히 외계어라 아니할 수 없다.(http://bklove.net/764) 다른 재미난 사례도 들어보자. 이른바 '노인성 난청(?!)'이 시작되는 20대 후반이 지난 어른들은 8천 헤르츠 이상의 소리를 들을 수 없어, 이를 차별화하기 위해 1만 7천 헤르츠라는 청소년들만 들을 수 있는 고음의 휴대전화 벨을 개발해 인기를 끌기도 했다.(http://blog.daum.net/v-xpeed/8869697) 영국에서 처음 개발된 'teen buzz'라는 기술을 응용했다고 하는데 이제 어른들은 들을 수 없는 아이들만의 소리로 이들은 의사소통하고 교류한다.

4 이를테면 입시라는 잘 짜인 성장 이데올로기의 극적인 드라마에서는 가족이 처음부터 수단이 된다. 이 드라마에서는 공공 영역과 사적 영역을 가르고 나누어 밀어붙인 국가 주도 경제 개발 프로젝트에 가족을 기능화하기 때문이다. 이를테면 가정과 학교와 국가는 강제적 또는, 그리고 자발적으로 결탁하여 "아버지들은 직장에, 아이들은 학교에, 어머니들은 가정에 붙잡아놓"아 서로를 가르고 나누었다. 결국 이런 각본에 의해 갈라지고 나뉜 가족 구성원들은 같이 살면서 따로 노는 존재가 되어버렸다.(조한혜정, 1996) 이런 '가족 드라마'는 급기야 입시 교육으로써만 망가지는 가족을 억지로 지탱하지만, 그 안에서 가족 구성원들은 콩가루로 부서지고, 흩어지는 꼴을 낳아 일종의 처절한 '가족 시네마'(유미리, 1997)를 연출하고 있다.

맞서고 어긋나고 벗어나는 것밖에는 살아남을 길이 없다. 게다가 요새 부모들은 핵가족에서 자라나 핵가족을 꾸린 첫 세대답게 어디서도 부모 노릇을 배우고 익힌 적이 없다. 줏대도 본보기도 없이 그저 자신들의 청소년기만 뒤돌아보며 마구잡이로 부모 노릇 하고, 막무가내로 자식 노릇을 강요한다. 이렇게 가족 안에서는 세대 간 전쟁이라고 불러야 옳을 갈등과 다툼, 존재의 싸움이 한창이다.

청소년이 삶의 대부분의 시간을 보내는 학교는 나은가 하면 결코 그렇지 못하다. 오히려 학교가 이들을 더욱 숨 막히게 한다. 우리 교육, 특히 그 현장인 학교는 위에 비쳤듯이 삶의 터전이 아니다. 오로지 공부하는 곳일 뿐이다. 그것도 제대로 사는 데 꼭 필요한, 한 사람 한 사람 스스로 찾고 세우는 데 필요한 공부가 아니라, 극한 경쟁을 통해 사람을 고르고 버리는 데 유용한 공부만 인정되는 장소다. 한창 자라고, 서로 만나고 사귀며 활달하게 뛰어놀 나이에 죽은 글자들만 머리에 억지로 우겨 넣는 공부만 되풀이하다 보니 아이들은 말 그대로 죽어날 수밖에 없다. 공부는 잘할지 모르지만 멍청하고, 살벌한 경쟁에 치이다 보니 가슴은 싸늘하고, 손발은 놀릴 기회조차 없어 못 쓰게 되었다. 그동안 아이들은 그나마 다른 길이나 나갈 곳이 보이지 않아 참아주고 견뎌주었다. 하지만 요즘 들어 '자율화' 라는 이름으로 극한 경쟁을 더욱 부추기며 막다른 골목에 몰아넣자 아이들 스스로 떨쳐 일어서게 이르렀다. 시대착오적인 교육을 거부하는 아이들은 교실이며 학교, 아니 이제 그 생활 세계와 주변 세상을 송두리째 무너뜨리고 새로운 세상을 찾아 나서고 있는 것이다.

이런 반발과 저항은 일찍부터 예감할 수 있었다. 지금이라도 학교에 가보라. 무더운 여름날 방학 중에도 찜통더위 교실에 모여 몸은 웃자라 책상 밖으로 삐져나온 열대여섯 된 청소년들이 보충 수업 받는 모습을 바라보

라. 미치지 않을까 걱정스러울 것이다. 이들은 이미 집단 정신병 같은 입시병에 걸려 있기 때문에 미치기는커녕 얌전히 수용되어 잘 훈련된 죄수들처럼 묵묵히 그 고행을 따를 뿐이다. 아직 실패한 승리자가 되려는 마지막 기대라도 남아 있으니 그럴 것이다. 여전히 이 교실에서 대부분은 낙오자가 될 수밖에 없다. 흔히 말하는 학벌 사회, 경쟁 교육이라는 '게임의 법칙'에 따르면 당연히 그렇다. 그런데 강고하기만 한 이 게임의 법칙조차 아이들이 먼저 나서서 깨뜨리고 있는 것이다.

그렇지만 교육 격차니 사회 양극화에 치여 그나마 마지막 기회나 기대조차 갖지 못하고 튕겨나가거나 내다 버려진 수만 명의 청소년은 어찌할 것인가? 불야성을 이룬 유흥가에서 자기들만의 소돔과 고모라를 연출하고 있는 청소년, 주유소에서 우스꽝스런 몸짓으로 기름을 넣어주며 존재의 습격을 연습하는 청소년들은? 술집 골목에서 은근한 몸짓으로 여리꾼 노릇 하며 돈 놀음에 취한 청소년들은? 어디서고 제대로 배운 적은 없는데 온통 주변에 넘쳐나는 일그러진 성문화에 물들어 가뜩이나 억눌린 성충동에 휘둘리는 청소년들은? 억눌릴 대로 억눌린 삶의 욕구를 생산적이거나 창조적으로 승화시킬 데도 없어 얄팍한 상혼에 찌든 대중문화 스타들이나 스포츠 우상들 모습에 악을 쓰는 청소년들은? 학교와 교육에 부딪쳐 사회에, 다른 사람들에게, 또는 자기 자신에게 뭇매로, 욕설로, 약물로 급기야 자살로 폭력을 휘두르는 청소년들은?

둘러보며: 청소년의 존재와 문화

한국만큼 시간이 빨리 흐르는 사회도 없다. 불과 어제 같은 과거는 급물

살로 서두르다가, 지난 시대가 남긴 과제며 숙제는 손대보지도 못한 채 쌓여만 간다. 그러다 거듭 시대가 바뀌어도 새로운 모습으로 우리를 짓누른다. 이것이 이른바 '오래된 새 모순'이다. 어른들은 스스로 한때 청소년이었다는 사실을 너무 쉽게 잊는다. 따지고 보면 아직 젊고 역동적인 한국 사회에서는 지난 40년 남짓 동안 늘 젊은 세대가 눈길을 끌었고, 나름대로 어른 세대에 저항, 반발하고 나아가 단절마저 선언해왔다. 이들이 지금, 여기 청소년을 손가락질하며 대립하고 있는 어른 세대가 되었다. 스스로 그토록 타파하고 극복하고자 했던 권위주의적인 태도를 그대로 본뜨며 자라나는 세대와 부딪치고 있다. 오늘날 청소년은 이전의 어떤 기성세대들과도 견줄 수도 없을 만큼 전혀 다른 사회 문화적인 배경에서 자라, 새로운 사고방식, 삶의 방식, 가치 체계를 추구한다. 불과 지난 몇십 년 사이 달라지는 세대별 특성만 해도 그 앞의 몇백 년 사이와 다르다.

사정이 이러니, 시간이 흐를수록 세대 간 갈등이란 오래된 새 모순은 점점 더 첨예해질 수밖에 없다. 특히 지난 세기 90년대 이후 시대적 배경은 그 무게를 더한다. 이때부터 태어난 청소년은 풍요와 소비의 열매를 먹고 자란 세대다. 이들에게 지난 권위주의 시대의 엄청난 무게와 짙은 그늘은 감당하기 어려운 역사적 짐일뿐더러, 아예 관심조차 가지 않은 옛일일 따름이다. 그러면서 이른바 '참을 수 없는 존재의 가벼움' 속에서 익숙하게 자랐고, 살아간다. 하지만 부모 세대나 교사들이 여전히 지키고 버티는 전근대와 현대의 그늘에서 아주 자유로울 수는 없다. 이들은 이렇게 전근대, 현대, 탈현대의 모순과 문제들이 뒤섞인 가운데, 미래에 대한 희망을 갖기보다는 살아가는 것 자체를 힘겨워하는 이른바 '동기(動機)상의 위기'[5] 속에 살고 있다.

지금, 여기 우리들과 함께 살아가는 청소년은 대체 누구인가? 먼저 그

몇 가지 특징만 살펴보자.[6] 2008년 현재 청소년 인구는 1112만 명(0~18세), 1049만 4천 명(9~24세)으로 전체 인구의 22.9%, 22.6%를 차지한다. 18세 이하 청소년 인구 비율은 지난 1970년을 고비로 매년 꾸준히 줄어들고 있는데, 1968년 전체 인구 대비 51.2%에서 1978년 45.5%, 1988년 36.1%, 1998년 28.9%로 점점 빠르게 줄어든다. 최근 두드러진 낮은 출산율을 볼 때 앞으로 더욱 빠르게 줄어들 것이다. 그러면서 이들은 부모 세대에 비해 몸이 크고 성장도 빠르며 심지어 지능까지 제법 높아졌다. 특히 학력 수준은 놀랄 만큼 높아져 1978년 23.0%, 1988년 35.0%, 1998년 64.1%이던 대학 진학률이 2007년 현재 82.8%를 기록해 지구촌에서 짝을 찾기 어려울 정도다.

겉보기엔 이렇게 달라진 청소년들의 모습 뒤엔 무엇보다도 참담한 교육 현실의 그늘이 짙게 드리운다. 이를테면 이들의 가장 큰 고민거리는 2006년 현재 15~20세의 경우 학업 및 진학이 56.5%로 가장 높았고, 그 다음이 돈 문제로 나타났다. 고민 상담 대상으로는 15~19세의 경우 친구라는 대답이 48.8%(부모 22.6%, 선생 1.4%!!) 등으로 친구에 의존하는

5 본디 조한혜정이 한국 청소년 특유의 상황을 설명하기 위해 썼던 말이다.(조한혜정, 1997) 이는 그 밖에도 여러 가지 뜻으로 새길 수 있다. 예전처럼 악착같이 성공하고 출세하고자 기를 쓰는 악다구니가 없다는 뜻이며, 또는 모든 게 지겹고 시들해서 앞날의 삶에조차 관심이 없다는 뜻이기도 하다. 오죽하면 공부를 잘한다는 증거로 들이대는 PISA(국제학력비교) 연구에서도 성적은 높은데, 학습 동기는 아주 낮은 걸 보고 외국 전문가들은 의아하다 못해 아연해한다. 또 공부 잘하면 뭘 하나? 기껏 대학까지 졸업해봐야 겨우 '88만 원 세대'(우석훈, 2007)로 그 많은 가능성과 잠재력을 써먹지도 못하고 백수나 비정규직으로 떠돌 텐데……. 결국 동기상의 위기는 이들의 잠재력과 실현 가능성 사이 그 틈이 너무 큰 나머지 당연히 생겨날 수밖에 없는 것이다.

6 나도 이런 숫자는 별로 좋아하지 않는다. 그 중요한 청소년 같은 인간 집단을 숫자 나부랭이로 물화(物化)하여 나열하는 일이기 때문이다. 여기서는 이들의 사회 안에서의 위치와 입지를 대강 그려보기 위해 빌려 온 것이다. 이 숫자들은 통계청의 청소년 통계(http://www.kosis.kr/html/include/online/chapter.jsp?pubcode=YG&pub=3&ch_id=02&full=F)를 중심으로 여러 가지를 조합하였다.

경향이 두드러졌다. 또 청소년들이 가장 스트레스를 받는 원인은 학업이나 성적, 그리고 진로 문제가 압도적이어서 입시 위주 교육의 폐해가 얼마나 큰지를 여실히 보여준다.

아무튼 전혀 달라진 사회 문화의 배경에서 자라나는 한국 청소년은 어른 세대와는 제법 다른 가치 체계를 만들고자 애쓴다. 어떻게 다른지 몇 가지만 추려보자. 한 연구[7]에 따르면, 이들은 친애성(親愛性), 안면성(顔面性), 형식성, 서열성, 의존성, 획일성 등 전통 가치를 거부하고 반발하며 합리주의, 다원주의, 개방주의, 개성주의, 감성주의, 경제주의, 여가주의 등 새로운 가치를 추구한다. 다만 신념 차원에서는 전통 가치를 상당 부분 내면화하고 있으면서도, 행위 차원에서는 거부하고 주저하는 이중적인 양상을 보이기도 한다. 청소년들의 발달 심리적 특성을 보면 애착, 자아 개념, 성취 동기 영역에서 특히 중·고등학생들이 낮은 혹은 부정적 수준을 보이며, 자기 통제 능력이 낮다. 의식 차원에서는 정치의식, 사회의식, 경제의식은 높은 편이지만 자본주의 체제 아래 감각주의 소비 행태를 보이는 등 이 또한 모순적이다.

그런가 하면 이러한 오래된 모순성들에 새로운 특성들이 서로 엇걸리고 뒤섞여 지난 몇 해 동안 거듭 달라지고 바뀌어가는 다양한 청소년 세대의 모습들도 나타났다. 특히 얼마 전부터 학문적 연구뿐 아니라 기업과 인터넷 등 밖에서도 청소년을 열심히 규정한다. 그 대표적인 것이 몇 해 전 유행했던 이른바 P세대 논쟁인데, 이에 따르면 오늘날 청소년의 특성은 아래와 같다는 것이다.(http://www.eskim3.com.ne.kr/documents/

7 이 내용은 벌써 10년 넘은 연구의 결과다.(서울대학교 사범대학 교육연구소, 1996: 467~478) 그 이후 연구들도 많지 않은 데다 총론적인 의미에서는 참고가 될 만한, 그러면서도 청소년을 대상화한 연구의 전형이라 소개해보았다.

education/general_area/p.htm)

- 뉴럴 네트워크(neural network): 동시다발적인 커뮤니케이션
- 네오 텍스트(neo text): 비주얼과 텍스트를 뛰어넘는 신언어 창출
- 버징컴(buzzing communication): 또래 집단을 통해 자신의 의견 표출
- 퀵백(quick back): 잠시의 기다림도 지겨운 세대
- 배틀링(battling): 경쟁을 '윈윈 놀이'나 게임으로 생각
- 사이버 저스티스(cyber justice): 온라인을 통해 정의감 표출
- 펀토피아(fun-topia): 즐거움 그 자체를 즐기는 세대
- 프티 어덜트(petit adult): 비상을 준비하는 작은 어른

또 최근 새롭게 등장한 청소년의 존재를 "쉬운 웹과 1인 미디어의 혜택을 제대로 받고 자라 디지털 문화와 하이퍼마인드를 지닌 진정한 신세대"로 보고, 그 특징을 "비선형적, 비순차적 사고방식을 지닌 'H세대(hyper generation)'"로 규정하기도 한다.(한겨레신문 2008년 7월 1일자) 아무려나 청소년을 한마디로 이런저런 특성을 가진 사람들이라고 규정하는 일은 쉽지 않을뿐더러 마땅한 일도 아니다. 이들은 아직 한마디로 정의할 수 없는 미지의 집단이며 기성세대를 거부하고 그들과는 다른 문화와 가치관을 지닌 집단, 거부와 반항과 일탈로 상징되는 집단으로서 좀처럼 한마디로 정의하기 어려운 부정과 긍정의 총합이기 때문이다. 그만큼 남들 눈에나 이들 스스로에게나 모순 가득한 존재로 보일 수밖에 없다. 특히 이들을 파악하기 어려운 것은 이런 모순성 이외에 이들 스스로 자신들 존재방식이나 내용으로보다 상징이나 문화로 자신들을 표현하기 때문이다. 이들은 무엇보다도 새로운 문화의 주역이다. 그 문화조차도 다양하고 복

잡해서 자기들끼리도 세분화하여 찾고, 만들고 누린다. 이들의 문화는 무엇보다도 욕망의 자유로운 분출을 기본으로 한다. 이들의 문화는 그러면서 어른들에게는 낯선 기호와 암호로만 여겨지며, 어떤 때는 이미지의 연속으로만 보인다. 그러면서도 그 공간적 범위는 넓디넓어 정보통신의 발달과 함께 그 문화의 생성, 유통, 향유는 범지구적인 회로로 퍼져나간다. 이러한 '전 지구적인 청소년 문화의 대두'는 새로운 문화 현상이며, 나아가 새로운 문명의 조짐이기도 하다.[8]

청소년은 독특한 '문화 부족'으로 스스로를 드러낸다. 이들은 이념의 깃발이 사라진 뒤 황량한 공간에 넘치도록 쏟아지는 문화 산업, 의식 산업의 소비재들을 먹고 자란 세대다. 스스로 문화의 '생산소비자(prosumer)'로 나서서 '몸의 욕망'을 풀어내고 '문화 활동의 개인화'라는 성과마저 이룩해 낸다.(이동연, 2005: 23~29) 무엇보다도 디지털 문명의 등장과 더불어 이들의 욕망은 개인적인 문화 활동으로 표출될 수 있는 자리를 얻게 된다. 청소년은 나름대로 독자적인 공간을 만들며 그 안에서 어른 세대와 다른, 자기만의 문화를 만들어낸다. 이들이 어른 세대 또는 어른 세계와 구별짓고 차별화하는 곳은 무엇보다도 사이버 공간이다. 이들에게 일상화된 사이버 공간은 '정보의 바다'이면서 '놀이터', 그리고 '친교의 동굴'(진중권, 2005)이다. 폐쇄적이고 배타적인 공간을 자기들 고유의 새로운 통신, 역동적인 의사소통 문화로 연결하고 대화한다. 디지털 의사소통 방식인 휴대전화 같은 개인 통신 수단, 또는 익명성이 보장되는 인터넷상의 통신 수단, 또는 싸이월드 같은 개인 미니 홈피나 블로그 등 은밀하면

8 청소년들이 앞장서서 받아들이고 활용하며 또 재창조하고 있는 정보통신 기술과 지구촌 곳곳으로 퍼지며 서로 이어지는 대중문화 등의 소비와 생산 등 다양한 문화 지형의 변화는 청소년 문화 담론에도 영향을 미친다.(Castells et al., 2007; Muggleton/Weinzierl, 2003; Steinle/Wippermann, 2003)

서도 열린 통로로 서로 교통한다. 그 언어조차 어른들은 알 수 없는 어휘들로 가득한 암호, 기호로 대화와 독백, 방백을 뒤섞는다. 자기들만의 언어, 의사소통 방식을 통해 독특한 집단의 정체성을 만드는가 하면 이전과는 다른 새로운 변화를 끊임없이 모색한다. 그 동굴과 밀실에서 나와 '아고라'라는 집단 소통을 거쳐 이윽고 행동의 광장으로 나서 최근 일어난 변화를 주도한 것은 주목할 만하다.

하지만 청소년 고유의 대화나 독백의 주제는 여전히 주로 개인 문제나 대중문화에 집중된다. 특히 대중문화와 청소년은 고기와 물 같은 관계다. 오늘날의 청소년을 이해하려면 대중문화 이해가 필수다. 사실 청소년 문화란 따로 있는 것이 아니다. 흔히 매스컴에서 얘기하는 청소년만의 문화란 이중적이고 상호 모순적이다. 한편 그들의 취향을 부추기고, 또 거기 빌붙어 장사하는 상업적인 문화가 창궐한다. 물론 이들이 선호하는 취향의 음악, 춤, 영화, 드라마 같은 것들이 있기는 하다. 그러나 이런 것을 청소년 문화라고 규정할 수 있는 것은 아니다. 이들은 동시에 다양하고 복합적이며 서로 혼합된 장르와 그것을 넘나드는 복잡한 문화를 즐기고, 또 만든다.

정작 문제는 이런 '문화 부족'에게서 튼실하게 살아 숨쉬는 삶의 문화를 찾아보기 어렵다는 데 있다. 문화라고 하면 우린 흔히 겉으로 드러난 문화만 본다. 이를테면 청소년들 사이에 유행하는 대중문화 선호 경향이나 그들의 튀는 차림, 버릇, 말본새 같은 것만 본다. 하지만 진정한 문화는 바로 그들의 생활문화이다. 지금, 여기 청소년들 생활문화는 대체 어떤가? 그 일반적인 특성은 황폐한 폭력성과, 겉멋 든 현시성(顯示性), 여기서 오는 폐쇄적이며 독자적인 의사소통과 기호와 이미지의 문화 등으로 요약할 수 있다. 황폐하다는 것은 먼저 이들의 제대로 된 삶이 없기 때문이다. 무엇보다도 교육이 청소년 생활문화를 황폐하게 만든 원흉이다. 한마디로 이들은 화학 농법으로 키운 벼들처럼 키만 웃자라고 정신이나 심리적으로는 이삭이 제대로 여물지 못한 기형아들이다.(정유성, 2002) 그러다 보니 삶 자체도 어른 흉내와 제멋대로의 미성숙함이 뒤섞여 있다. 그 단적인 모습을 살펴보자. 이들의 삶은 한마디로 물질적으로는 풍요롭지만 정신적으로는 공허하다. 물질적으로는 그 앞의 어떤 세대보다 풍요롭다. 물론 계층에 따라 크게 다르기는 하다. 강북과 강남, 도시와 농촌, 그리고 같은 지역이라도 집단에 따라 다르다. 이런 문화적 자본의 차이가 물질적 풍요 속의 빈곤, 곧 상대적 박탈감 같은 상징적 폭력을 유발하기도 한다. 게다가 이런 차이를 감당할 만한 정신의 힘이나 자아의 성숙은 아랑곳 않는 교육 풍토 탓에 점점 흉포해지는 직접적, 물리적 폭력뿐만 아니라 '왕따' 문화와 같은 서로의 마음 영혼을 멍들게 하는 '구조적 폭력'이 가득하다.

내다보며: 상생과 화쟁(和諍)의 앞날

이제는 이 청소년을 어찌할 것인가, 하는 아무 대책 없는 개탄이나 분노는 그만둘 때가 되었다. 다만 청소년이라는 주제를 제대로 인식하기 위해 이른바 방법적인 물음, 뉘우침으로 새로 시작해야 한다. 우리가 가장 먼저 해야 할 일은 어른들부터 스스로 되돌아보는 일이다. 어른들은 자신들이 황폐하게 살아온 지난 세월이나 지금 여기의 엉망인 삶의 세계, 줏대 없는 자기 삶은 돌아보지 못하고 "우리 때는 그러지 않았다"며 자라나는 세대, 청소년들만 야단친다. 이른바 '바담 풍' 하는 것이다. 이제 청소년을 어른들 멋대로 이렇고 저런 집단이라 규정하고 이름짓는 일부터 그만두자. 청소년을 한마디로 이런저런 특성을 가진 사람들이라고 규정하는 일은 쉽지 않을뿐더러 마땅한 일도 아니다. 이들은 아직 한마디로 정의할 수 없는 미지의 집단이다. 기성세대를 거부하며 그들과는 다른 문화와 가치관을 지닌 집단으로, 반항과 일탈로 상징되기도 한다. 그러면서도 요즘 보듯이 새로운 지향과 전망을 따르고 만들기도 한다. 이렇게 좀처럼 한마디로 정의하기 어려운 부정과 긍정의 총합이 바로 이들이다. 그만큼 남들 눈에나 이들 스스로의 눈에나 이들은 모순투성이의 존재로 보일 수밖에 없다. 이들은 제대로 살아갈 수 있는 삶의 터전만 주어진다면 반발과 거부가 아니라 나름대로의 삶을 통해 문화를 만들어갈 수 있는 주체들이다. 사실 방법적으로는 이들을 어찌할 것인가, 물을 것이 아니라 자신들의 삶을 살도록 배려하면서 내버려두는 것이 가장 옳을 것이다. 무엇보다도 이들 스스로 얼마나 똑똑하고, 뚜렷한 줏대를 가지고 제 뜻을 펴며 나아가 바람직한 삶을 꾀하려는지 모두들 알게 된 이 마당에서는 더욱 그렇다.

이제라도 청소년을 겨누었던 손가락을 거두어 어른들 스스로에게 돌려야 한다. 어른들부터 스스로 제 눈의 들보를 들여다보고 자신을 뉘우쳐야 한다. 사회 전체를 더욱 열고, 공동체적인 도덕성을 거듭 세워야 한다. 더 급하게는 지금 여기의 비뚤어지고 비인간화된 우리 교육을 바꾸어 청소년들이 제 삶을 살 수 있도록 해야 한다. 이런 바탕에서만 세대 간의 전쟁은 세대 간의 대화 문화로 평화롭게 바뀔 것이다. 그렇지만 어른들이 정신 차리고 버릇을 고치기 전까지는 청소년들의 무엇을 탓해도 소용이 없다. 결국 문화란 어른과 아이가 함께 만드는 것인 만큼 어른과 아이가 함께 자라는 성숙함이 필요하다. 그래야만 우리 청소년이 건강하게 자랄 수 있다. 물론 청소년에게도 당부하지 않을 수 없다. 자신들만의 고집이 아니라 서로 아우르고 서로 살리는 큰 우리를 만들어가는 일이 중요하다고. 수직적인 질서와 수평적인 질서를 한꺼번에 바꾸고 가름하려는 무리는 하지 말자고, 어쩌면 당분간 그 중간 어디엔가 기우뚱한 균형 안에 우리의 새로운 세대 간의 질서, 문화가 자리할지도 모른다고.

그러면서 거듭 당부하고 싶다. 이제는 정말 사람을 사람 대접하고 삶의 한복판에서 벌어지는 죽음과 죽임의 문화가 아니라 살림의 문화가 숨쉬는 교육 현장을 만들어가자고 말이다. 숨 막히는 교실에서 아주 작은 인간관계의 배려와 살아 있는 학습의 장을 마련하는 일부터, 이 닫히고 갇힌 제도의 벽을 허물고 삶의 현장에 교육을 되살리려는 애씀까지 청소년들이 스스로 주체로 제 삶을 살아갈 수 있는 터전을 함께 만들어가자고 말이다.[9] 이제는 서로 살리고, 모두 어우러져 살아가는 그런 삶의 자리에서 청소년을 만나자고 말이다. 그것도 제발 덕분에 어깨나 목에 힘주고 젠체하면서 말고, 다만 이런 매무새로 말이다.

억압과 굴종에 대한 미움으로 우리 모습은 흉하게 일그러졌고,
불의에 항거해 분노하다가 우리 목소리는 쉬어버렸다.
다정하고 안온한 세상을 위해 바탕을 다지려던 우리 스스로는

9 대체로 서구 비판적 교육 담론에서 교육의 이상향을 '삶과 경험의 현장', 그리고 '공공(公共)의 장(場)'의 축약(縮約)된 '추체험(追體驗)' 및 실제 체험의 장으로 삼아왔다. 특히 폰 헨티히(von Hentig, 1993: 191)는 일찍이 학교가 삶의 현장, 그리고 삶의 경험을 쌓을 수 있는 장소가 되어야 한다고 자신의 이상향을 펼쳤다. 그 이상향은 곧 학교를 통해 민주주의와 공적인 사안들에 대한 합의와 의무, 그리고 시민들의 계몽과 신뢰, 신뢰성, 이성, 더 나아가 인간의 교류와 연대를 경험하고 이해하는 곧, 대규모의 폴리스(polis)를 소규모의 공간에서 추체험하는 곳이기를 바라는 꿈이라고 할 수 있다. 그런가 하면 바우먼(Bauman, 1999: 58~108)은 카스토리아디스(Castoriadis)의 논의를 빌려 그런 공동체인 폴리스를 유지하기 위해서는 구성원들의 진정한 자율성이 전제되는 만큼 공공의 민주성과 개인의 자율성이 교차하는 '공공과 개인의 만남의 장(agora)'을 그 이상향으로 삼아 자율적인 개인을 민주적인 공공성으로 '이끄는 교육(paideia)'의 중요성을 강조한다.

그러지 못하고 강퍅하기만 했다.

그러나 사람이 사람 도우며 사는 평화로운 시대에 자라는 너희들은

우리를 생각할 때 너그러이 용서하렴!

— 베르톨트 브레히트, 「자라나는 세대에게」에서

참고문헌 및 인터넷 사이트

Ariès, Ph., *Geschichte der Kindheit*, München: DTV, 1990.

Baumann, Z., *In Search of Politics.*
Stanford: Stanford University Press, 1999.

Castells, M. et al., *Mobile Communication and Society.*
Cambridge et al.: MIT Press, 2007.

Levi, G./Schmitt, J.C.,(Hrsg.), *Gechichte der Jugend.*
Frankfurt am Main: Fischer, 1995.

Muggleton, D./Weinzierl, R.(eds.), *The Post-Subcultures Reader.*
Oxford & New York: BERG, 2003.

Steinle, A./Wippermann, P.,
Die neue Moral der Netzwerkkinder. München: Piper, 2003.

von Hentig, H., *Die Schule neu denken.*
München: Hanser, 1993.

서울대학교 사범대학 교육연구소,
『신세대의 이해-그들의 의식과 유형』, 삼성복지재단, 1996.

우석훈, 『88만 원 세대』, 레디앙, 2007.

유미리, 『가족 시네마』, 고려원, 1997.

이동연, 『문화부족의 사회』, 책세상, 2005.

정유성, 『사람 살려, 교육 살려』, 한울, 2002.

조한혜정, 『학교를 거부하는 아이, 아이를 거부하는 사회』, 또하나의 문화, 1997.

진중권, 「인터넷 시대 '말과 글'의 기묘한 동거」, 『주간동아』 2005. 6. 28. 50-52.

통계청, 『청소년통계 2007』, 통계청, 2008.

http://bklove.net/764

http://blog.daum.net/v-xpeed/8869697

http://www.eskim3.com.ne.kr/documents/education/general_area/p.htm

http://www.kosis.kr/html/include/online/chapter.jsp?pubcode=YG&pub=3&ch_id=02&full=F

『주간동아』 2005. 6. 28

『한겨레』 2008. 7. 1

동양 고전을 어떻게 읽을 것인가

정재현

철학

서언

독서는 창조적 작업이다. 어쨌든 무(無)에서 유(有)를 만들어내야 한다. 송대의 저명한 유학자 정이천은 『논어』를 읽기 전과 읽은 후가 차이가 없으면 그것은 『논어』를 읽은 것이 아니라고 함으로써, 독서가 궁극적으로 인격의 변화를 가져와야 하는 것임을 강조하였다.[1] 정이천의 말처럼 독서가 인격의 변화까지 가져오지는 못하더라도, 그래도 나름의 의의를 지니려면, 다시 말해 시간을 투자해 힘들게 공을 들여야 할 정도의 가치를 가지는 것이라면 독서는 단순한 재미를 넘어서 적어도 인식의 변화 정도는 보여주어야 하지 않을까? 그렇다면 어떻게 읽어야 독서가 우리 인식의 변화 내지는 인격의 변화를 가져오게 할 수 있는가? 그것은 아마도 독서의 대상에 따라 조금씩 달라질 것이다. 여기서는 동양 고전을 대상으로 삼는 독서에 대해 생각해보려고 한다.

고전은 '많은 사람이 읽어야 한다고 하지만, 사실 아무도 읽지 않는 책'이라는 말을 종종 한다. 그것은 아마도 고전이 기본적으로 오랜 기간 여러 사람의 검증을 거친 책으로 누구나 그 유용성에 동의하기는 하지만, 고전이 갖추고 있는 풍부하고도 다양한 함축성 때문에 단숨에 읽어내기가 쉽지 않기 때문일 것이다. 고전 중에서도 동양 고전의 경우는 더욱이 그 독해 대상이 현대의 우리와는 시간적으로 혹은 문화적으로 단절된 시기의 것이기에 더욱더 가독성이 떨어진다고 할 수 있다. 쉽게 말해서, 우리는 이미 충분히 서구화되어 있기에, 동양의 고전보다는 차라리 서구의 고전을 더 잘 이해할 수 있는 상황에 놓여 있다. 우리가 독해함에 끌어들이는

1 『논어집주』「서설」.

우리의 일상 어휘와 개념들은 서구적 기원을 갖는 것들로 채워져 있다. 예를 들어, 우리는 동양의 유교 경전에 나타나는 천(天), 인(仁), 의(義), 예(禮), 지(智)와 같은 개념들을 그 자체로보다는 각각 'Heaven(하느님, 하늘)', 'benevolent(인자함)', 'righteousness(정의, 올바름)', 'ritual propriety(의례상의 적절성)', 'wisdom(지혜, 지식)'으로 잠정적으로 번역함으로써 더 쉽게 이해할 수 있다. 물론 아직도 그런 서구적 번역들이 천, 인, 의, 예, 지의 개념들을 충분히 드러내지 못하며, 따라서 이런 동양의 전통 개념들은 번역하지 말고 사용해야 한다고 주장하는 사람들이 있지만, 그러나 과연 이런 미번역의 용어들로 이에 대한 의미 있는 논의가 가능할 것인지에 대해서는 회의적이다. 따라서 동양의 고전에 대한 독해는 이런 상황, 즉 동양의 고전과 현재의 우리 사이의 시간적, 문화적 갭을 인정하는 가운데 이루어져야 한다. 물론 우리는 이런 갭을 반드시 나쁜 것으로 볼 필요는 없다. 독서는 본래 자신이 알지 못하는 것을 알기 위함이 아닌가? 동양 고전에 대한 독해는 그 갭이 크면 클수록, 그것을 메우려는 우리의 수고가 크면 클수록 그에 상응하는 많은 것을 독자에게 가져다줄 것이다. 물론 이것은 우리가 매우 섬세하게 동양 고전에 대해 접근해갈 때에만 가능한 것이다.

두 가지 해석의 유형

동양 고전과 같이 독자로부터 많이 격리되어온 대상을 읽을 때 우리가 흔히 접하게 되는 대략 두 가지 정도의 해석학적 입장들의 충돌을 생각해 볼 수 있다. 첫째는 고유의 논리에 입각한 해석과 가설에 입각한 해석 간의 충돌이고, 둘째는 동정적 해석과 비판적 해석(혹은 설명에 입각한 해석과 정당화에 입각한 해석) 간의 충돌이다. 여기서 내가 좀 더 호의를 갖고 있는 해석은 가설에 입각한 해석과 정당화에 입각한 해석인데, 이것은 그에 각각 대응하는 고유의 논리에 입각한 해석이나 설명에 입각한 해석이 잘못이라는 의미가 아니라, 가설적 해석이나 비판적 해석이 보다 더 포괄적이라는 것, 특히 내가 옹호하려는 독서의 목적 즉 인식이나 인격에 있어서의 변화를 이룸에 있어서 이 두 가지가 각각 대응하는 다른 입장들에 비해 더 효율적이라는 의미에서이다.

1. 고유의 논리에 입각한 해석과 가설에 입각한 해석

고유의 논리에 입각한 해석의 입장은 우리가 읽으려는 것 즉 동양의 고전이 현재의 우리와 너무나 다른 대상임에 주목하고 따라서 그에 대한 우리의 접근 방식이 달라야 한다고 주장한다. 그것은 동양의 고전이 다루고 있는 세계와 우리가 처해 있는 세계가 너무나 다른 배경 가정들 위에 있다는 주장에서부터, 극단적으로 동양의 고전은 현재의 우리 혹은 서구의 사유와는 완전히 다른 논리 위에 씌어졌으므로, 동양의 고전은 서구의 합리적 관점에서 이해될 수 없음을 주장한다.[2]

그것은 서구의 선입견을 가능한 한 배제해야 한다는 점에서 무장 해제

2 이러한 입장의 대표로는 홀(David L. Hall)과 에임스(Roger T. Ames)를 들 수 있는데, 이들은 서양의 '합리적 사고(rational thinking)'에 대비하여 동양의 '미적 사고(aesthetical thinking)'를 말한다. 그들의 공저 *Thinking Through Confucius*(New York: State University of New York Press, 1987)를 참조하라.

적 접근 방식이라 할 수 있다. 이 입장이 등장하게 된 배경은 기존의 동양 고전에 대한 독해가 지나치게 서구의 배경 가정들에 입각해서 이루어졌기 때문이다. 사실 서구의 배경 가정들의 입장에 입각해서 그것이 보편적임을 먼저 설정하고 나서 그 기준에 맞추어 동양의 고전을 재단해온 기존의 동양 고전 읽기의 폐해는 이미 많은 사람들에 의해 지적되어왔다. 민주주의와 자연과학으로 상징되는 서구 문화의 성과는 세부의 수많은 오류들조차 마땅히 동양이 따라야 할 전범으로 읽혀졌다. 동양의 천(天)을 서구의 기독교적 유일신으로 해석하여, 서구의 유일신 사상에서 보이는 모습들의 부재를 동양 종교 사상의 미개성으로 본다든지, 서구의 자유주의 민주주의 제도를 전범으로 삼아 동양의 군주제를 오직 한 사람의 자유인과 다수의 노예로 이루어진 사회로 묘사한다든지, 개체주의적 사고가 두드러지지 않는 동양 사회를 비판하면서, 개인의 존엄성과 인권은 오직 서구에서만 가능한 것이라든지, 또는 서구의 근대 자연과학의 발전을 극찬하는 가운데, 동양의 과학과 기술은 몇천 년간 거의 정체 상태였다든지, 또 훨씬 나아가서 비교적 개체성, 추상성을 잘 표현할 수 있는 서구의 언어와 논리학적 기제들을 기준으로 동양의 언어와 문자의 후진성 내지 논리학의 부재 내지 후진성을 지적하는 등등의 선입견은 동양 고전을 읽는데 있어서 무의식적으로 스며들어가는 가정들이었다. 이러한 서구 중심주의의 폐해는 현재에도 여전히 맹위를 떨치고 있다고 할 수 있다. 이것은 아마도 근대화 이후 서구 열강의 침략에 맥없이 당한 데서 기인하는 서구의 근거 없는 우월주의와 동양의 문화적 열등감이 교묘히 결합한 탓이라 할 수 있다. 그러나 사실 이러한 상황은 동양과 서구 모두에게 결코 바람직스럽지 않은 것이다. 동양과 서양은 근거 없는 우월론이나 열등주의 대신에, 각각 자신의 문화 내지 타인의 문화에 대한 공정한 평가를 공유하여야 할 것이고, 오직 이런 인식의 기초 위에서, 각자의 발전을 기할 수 있기 때문이다.

어쨌든 동양 고전에 있어서 이른바 고유의 논리 내지 무장 해제적 접근 방식은 이런 선입견을 가진 해석들의 폐해를 극복해보려는 의도에서 시도되었다. 그것은 구체적으로 위에서 보는 서구 중심주의적 배경 가정들을 될 수 있는 한 최소화하기 위해서는 동양 고유의 논리에 주목해야 한다고 주장한다. 그것은 가능한 한 독자의 선입견을 배제하고, 저자의 내재적 논리를 발견하는 것을 목표로 한다.[3] 문제는 이러한 시도가, 즉 이런 무장 해제적 접근 방식이 동양 자체에서 생긴 것이라기보다는 서구 스스로 자신의 위기 상황을 진단하는 가운데 나왔다는 것이다. 구체적으로 그것은 20세기 후반 인류 문명의 위기 상황 속에서 현대 문명의 모태라 할 수 있는 서구의 근대성을 비판하는 가운데 생겨났다. 즉 탈근대주의의 이념하에서 제기되었던 것이다. 이렇게 그것은 동양이 스스로의 문제의식에서 끄집어낸 방식이라기보다는 서구의 지적 풍토를 배경으로 등장된 것이기에, 자칫하면 서구의 편견에 의해 좌지우지되는 기존의 해석들과 별다를 바가 없을 수 있다. 다시 말해서, 서구의 문제의식 속에 등장한 무장 해제적 접근 방식이 서구의 선입견을 더 강화시켜주는 방향으로 나아갈 수 있다는 것이다.[4] 그러나 사실 무장 해제적 접근 방식의 더 큰 문제는 과연 이런 무장 해제가 가능한 것이냐이다. 과연 선입견 없이 어떤 대상에 접근

3 '같은 것이 같은 것을 안다'는 그리스의 인식론적 원칙도 아마 이런 해석학적 입장과 일맥상통할 것 같다.

4 이미 하나의 지구촌이 되어버린 현대의 상황에서, 탈근대주의가 단지 서구만의 문제인지, 또 이렇게 서구와 동양을 나누어 편을 가르는 것이 과연 의미가 있는지는 논란의 여지가 있겠다. 그러나 현재에도 여전히 지나친 서구 중심주의와 동양의 근거 없는 열등감이 존재함도 사실이므로, 이런 폐해를 극복하기 위해 서구와 동양의 문제의식을 다른 것으로 상정해보는 것도 필요하다 하겠다.

하는 것이 가능하냐고 물으면 우리는 과연 선뜻 그렇다고 대답할 수 없을 것이다. 고유의 논리를 강조하는 입장이 자칫 비합리적인 강신제처럼 저자와의 신비적 일치를 추구하는 것처럼 비난되는 이유가 여기에 있다. 여기서 나는 이런 문제를 자연스럽고도 합리적으로 해결하는 방식으로 두 번째의 독해 방식을 말하고 싶다. 그것이 바로 가설에 입각한 해석의 방식이다. 가설에 입각한 해석의 방식은 어떤 것을 인식함에 있어서, 우리가 가지는 선입견은 벗어버릴 수 없는 것이라고 주장한다. 선입견은 우리의 인식에 필수적으로 개재된다. 따라서 우리가 이 문제를 해결하기 위해서는 차라리 선입견의 안경을 낀 사실을 인정하고, 정직하게 선입견의 안경을 끼고 본 상태를 드러내야 한다고 본다. 역설적이게 우리가 안경을 썼다는 사실을 인정하고 안경 쓴 상태에서의 모습을 있는 그대로 그려낼 때, 우리는 안경의 영향으로부터 자유로울 수 있다는 것이다. 이것은 흔히 과학에서 많이 쓰이는 가설적, 실험적 방식이다. 우리는 우리가 하나의 가설로서 접근한다는 것을 인정할 때, 다시 말해 가설의 임시성, 실용성 등을 인정할 때, 가설이 함유하는 선입견으로부터 벗어날 수 있다. 이것이 곧 내가 말하는 가설적 독해 방식이다.

내가 동양 고전을 읽어감에 있어 이 방식을 견지하게 된 계기 중 하나는 나의 대학 때의 체험이다. 몇몇 또래 학생들과 함께 유명한 한문 선생님으로부터 한문을 배우고 있었는데, 한번은 선생님이 다음과 같은 말씀을 하셨다. 분명히 내가 크릴(H. G. Creel)보다 『논어』를 많이 읽었는데, 나는 크릴과 같이 공자에 대한 이야기를 책으로 쓰지 못하고 있다는 자조적인 이야기였다. 나는 이 말을 듣고, 그 이유를 바로 그 당시 과학철학 시간에 배웠던 가설 연역적 방식과 연결시켜 이해했다. 가설 연역적 방식이란 과학의 탐구 방식이 단순히 귀납적인 일반화로부터 오는 것이 아니라 바로 과감한 가설을 세우고, 그로부터 예상되는 각종 구체적 사실을 연역한 다음 실험을 통해 이를 검증하여 원래의 가설을 하나의 이론 내지 법칙으로 성립시킨다는 것이다. 나는 크릴의 『논어』에 대한 저서는 바로 이런 가설적 방식의 산물이 아닌가 생각했다. 그것은 거의 암기에 가까울 정도로 많이 읽음으로써 저절로 씌어진 것이라기보다는, 과감한 가설들을 먼저 세우고, 그로부터 각종 주장들을 연역한 다음 그것을 텍스트에 비추어 옹호 내지 반박하는 과정을 통하여 원래의 가설들 중 일부를 성립시킨 것이 아닐까 하는 것이다. 내가 보기에 무조건 동양 고전을 읽음으로써 동양 고전에 대한 이해가 더 증진되는 것은 아니다. 고유의 논리는 어쩌면 동양 고전을 거의 암송 수준에 이르게끔 읽음으로써 동양 고전을 이해할 수 있다고 보는 입장 같다. 그러나 때때로 우리는 읽으면 읽을수록 이해가 증진된다기보다는 오해가 깊어지는 경우를 발견한다. 방향이 잘못된 노력은 결코 목표에 도달할 수 없기 때문이다. 그저 한 방향으로의 매진보다 다양한 방향의 모색을 옹호하는 가설적 독해가 나름대로 설득력이 있는 이유이다.

이제까지 살펴보았듯이, 고유의 논리에 입각한 올바른 해석은 독자가 저자의 내면의 논리에 얼마나 접근할 수 있느냐에 달려 있다고 본다. 이와는 대조적으로 가설에 입각한 해석은 저자의 원래 의도보다는 독자의 현존 상황을 중시한다. 이해는 결국 우리 안에서 이루어지는 것이므로, 해석은 결국 우리의 맥락 안으로 저자의 이야기가 얼마나 들어올 수 있느냐에 달려 있다. 우리에게 걸러지지 않는 저자의 목소리는 보편적 의미가 없는 것으로 인지된다. 물론 지나친 독자 관점의 중시는 이질적인 것을 제대로 파악하지 못하는 한계가 있지만, 적어도 가설적 방식의 임시적이고 실용적 성격을 충분히 이해한다면 이러한 한계는 어느 정도 극복되리라고 생각한다. 다음은 가설적 독해의 한 예를 통하여, 그 효과에 대해 살펴보려 한다.

* 가설적 독해의 예

『맹자』 1A7[5]에 관련한 니비슨(David S. Nivison)의 해석[6]

『맹자』 1A7:

제선왕(齊宣王)은 맹자에게 자신과 같은 사람도 유가의 왕도 정치를 행할 수 있는지를 묻는데, 맹자는 그럴 수 있다고 대답하고 그 이유로 제선왕이 이전에 의식을 위해 죽으러 가는 소를 불쌍하다 하여 살려주었음을 상기시킨다. 다시 말해서 왕도 정치란 바로 소에게 베푼 이런 자비심을 백성에게 베푸는 정치라고 한다. 그동안 이 장은 그저 단순히 왜 소에 대해서 자비심을 갖는 군주가 백성에게는 자비심을 갖지 못하는가라는, 왕을 책망하는 구절 혹은 왕에게 인정(仁政)의 싹이 되는 자비심이 있음을 지적함으로써 왕을 설득하여 인정을 행하게끔 하는 의미로 해석되었다. 왕이 소에게 베푼 자비심은 『맹자』 안에서 어린애가 물에 빠질 때 느끼는 마음과 함께, 우리가 인(仁)으로 발전시켜야 될 대표적인 측은지심, 즉 자비심으로 해석되었다.

전통적으로 이 장은 인간의 도덕성을 인간의 측은지심과 연결시키는

5 이것은 『맹자』 「양혜왕 상」의 7장, 즉 이른바 '齊宣王以洋易牛章'을 가리킨다.

6 니비슨의 해석에 관해서는 그의 책, *The Ways of Confucianism: Investigations in Chinese Philosophy*(Chicago: Open Court, 1996)를 참조하였다.

맹자 성선설의 관점에서 이해되었다. 맹자의 성선설은 바로 인간이라면 누구에게나 도덕적 감성이 있다는 주장이었다. 맹자는 바로 이 보편적인 도덕적 감성 즉 사단 때문에 이상적 도덕 정치는 몇몇 성인에게만 가능한 것이 아니라, 의지만 있으면 누구에게나 가능한 것이라고 당시의 제후들을 설득하였다. 기본적으로 이런 해석들은 의미가 분명하고, 따라서 더 이상의 의문점이 없는 것처럼 보인다. 하지만 이 장을 좀 더 분석해보면, 겉보기와는 달리 간단치 않은 해석상의 문제가 있음을 발견할 수 있다. 예컨대, 맹자가 보기에 왕은 도살장으로 끌려가는 소를 보고 즉각적으로 자비심을 느꼈고, 이에 입각하여 소를 풀어주라고 했는데, 왜 이러한 행위가 백성들과 관련해서는 그동안 이루어지지 못했는가? 그런 자비심을 백성에게 베풀라는 맹자의 권유는 구체적으로 왕이 무엇을 어떻게 해야 한다는 것인가? 백성들의 어려움을 눈으로 더 많이 보라는 것인가, 아니면 그 외의 어떤 구체적 방법을 제시하는 것인가? 제선왕이 소에게 느꼈던 감정은 그리고 다른 곳에서 맹자가 말하는 물에 빠지려는 어린아이에게 느끼는 감정은 사실 맹자도 인정하듯이 그 상황이라면 누구나 빠져드는 감정으로 거의 본능에 가까운데, 이런 누구나 느끼는 감정으로 어떻게 도덕적 행위에로 비약해 나아갈 수 있는가? 다시 말해, 어떤 위급 상황에서 자비심을 느끼는 것만 가지고는, 사실 그 상황에서 실제로 도덕적 행위를 하기에 충분할 것 같지 않다. 무엇이 더 필요한 것인가? 사실 이런 질문들은 기존의 해석에서는 대답하기 힘든 것들이다. 그러나 이것들은 사실 맹자에게 물어보았어야 할 것들이다.

니비슨은 이 장을 해석함에 있어서 도덕적 행위의 동기 부여화(motivation)에 관한 이론을 가지고 접근한다. 특별히 그가 주목한 것은 옳은 줄 알면서도 그것을 행할 수 없는 상황의 문제 즉 '아크라시아(akrasia, 의지 나약)'나 '아케디아(acedia, 나태)'의 문제였다. 그가 보기에 맹자의 철학은 마음이나 감정을 합리적 사고에 의해 마음대로 조절할 수 있다고 보았던 초기 묵가에서 잘 해결될 수 없었던 공자 제자 염구(冉求)의 문제 즉 왜 알면서도 그것을 행동으로 옮기는 것에 관해 충분한 관심을 갖지 않거나 가질 수 없을 때의 문제 즉 아케디아[7]를 나름으로 극복하기 위한 것이다. 니비슨은 이런 관점에서 이 장을 해석한다. 그에 따르면, 이 장에서 맹자는 묵가의 주지주의와 동일한 논리를 행사했다. 즉, 맹자가 소에서 백성에게로 자비심을 넓혀야 한다고 할 때의 확장 개념은 특별히 묵자의 합리성의 흔적이라고 한다. 맹자는 적어도 이 장에서 묵자와 마찬가지로 도덕적 행위가 합리적 계산의 문제라고 생각했다는 것이다. 제선왕이 왕도 정치를 못했던 이유는 그가 소에게 느꼈던 그 감정을 백성의 경우로 확장할 수 없었기 때문이라고 하였는데, 결국 맹자가 생각하는 도덕적 능력이란 유사성을 확인하고, 그 유사성에 입각해 논리적 확장을 이루어내는 일이다. 이것은 이익과 손해의 정확한 계산을 통해 도덕적 행위가 이루어질 수 있다고 본 묵자식의 사고방식이다. 맹자가 묵가 사유의 한계를 직시하고, 맹자 나름의 방식으로, 다시 말해 단순한 합리성에 의해서가 아니라, 감성의 계발을 통해 도덕적 행위에로 나아갈 수 있다고 생각한 것은 이 장을 넘어서는 부분이고, 맹자가 비로소 맹자가 되는 지점이다. 니비슨의 이러한 선도적 해석으로부터 우리는 맹자가 단순히 도덕적 행위에 있어서 감성만을 중시하는 비교적 단순한 철학자가 아니라, 감

---

7 "염구가 말하였다. '저는 부자의 도를 좋아하지 않는 것은 아니나, 힘이 부족합니다.' 공자께서 말씀하셨다. '힘이 부족한 자는 중도에 그만두는 것이니, 지금 너는 스스로 한계를 긋는 것이다.' (冉求曰 不說子之道 力不足也 子曰 力不足者 中道而廢 今女畫)" (『논어』 「옹야」)

성과 이성의 관계, 나아가 수양과 합리성의 관계 등등 다양한 스펙트럼을 함유하는 매우 풍요로운 사상가임을 확인할 수 있게 된다. 예컨대, 맹자가 지적한 제선왕의 자비심 내지 어린아이가 우물에 빠질 때 느끼는 측은지심 등은 이전의 해석에서는 그야말로 도덕적 행위의 전범처럼 생각되었는데, 니비슨의 해석 이후로 이것은 여전히 수동적 감성의 영역에 있을 수 있게 되고, 따라서 사실 중요한 것은 이것보다는 이러한 충동적 감정으로부터 인위적 확장의 능력 혹은 수양의 능력을 통해 도달하는 지점임이 제시된다. 우리는 또한 이 장에 대한 니비슨의 해석으로부터 맹자의 욕구관에 대해서도 다양한 견해를 펼칠 수 있게 된다. 흔히들 맹자는 우리의 신체적인 수동적 욕구와 도덕적인 능동적 욕구를 첨예하게 구분했다고 하는데, 사단과 같이 대표적인 도덕적 욕구가 여전히 수동적인 성격의 것이라면, 또한 맹자 스스로가 「양혜왕 하」에서 대표적인 물질적 욕구들을 도덕적 욕구와 일치시켰음을 염두에 둔다면, 위와 같은 구분에도 여러 가지 의문을 가질 수 있다. 특히 맹자를 동물에 대한 분별한 살육을 반대하는 동물보호론자처럼 보이게 만드는 제선왕의 자비심이란 사실 도덕적 군자가 반드시 가져야 할 도덕적 감정으로 늘 찬양되는 것이 아니고, 때로는 오히려 푸줏간에서 멀리 떨어져 삶으로써 우리가 가지지 않아야 하는 감성일 수도 있다.[8] 한마디로 감성은 철저하게 이성에 의해 혹은 도덕적 판단에 의해 제한받아야 함을 맹자는 주장하고 있다고 할 수 있다. 니비슨의 해석에 의해 우리가 가지게 되는 것은, 맹자는 실용적 입장에서 인간 중심

8 맹자는 같은 장에서 군자는 죽으면서 애처롭게 울부짖는 소리를 듣고는 그 고기를 먹지 못하니 푸줏간을 멀리해야 한다고 하였다. 결국 고기는 안 먹을 수 없고, 푸줏간 가까이에서는 자비심이 저절로 생길 수밖에 없으니, 그 자비심을 제어하는 방식으로 푸줏간을 멀리하라고 했던 것이다. 여기서의 자비심은 그렇게 긍정적이지 않은 것 같다.

주의를 주장하고 있음을 알 수 있고, 맹자는 또한 단순히 감성에 의존하는 도덕감성론자가 아니고, 감성이 합리적 제한을 받아야 한다고 주장하는 합리주의자이다. 니비슨의 흥미로운 맹자 해석이 보여주는 것은 맹자가 아직도 다양한 관점으로 접근해야 할 풍부한 사상가라는 점이다.

2. 설명적 해석과 정당화의 해석

우리는 니비슨의 가설적 해석이 가진 힘을 잘 알 수 있었다. 그것은 기본적으로 다양한 관점을 동원하여 저자의 입장을 가능한 한 설득력 있게 제시하려는 것이다. 우리는 이러한 가설적 방법을 통해 훨씬 입체적으로 저자의 입장을 그려낼 수 있다. 심지어 저자가 의도하지 못한 것까지도 저자 입장의 함축이라는 이름으로 제시해낼 수 있다. 하지만 우리는 이와는 다른 해석의 방식을 생각해볼 수 있다. 그것은 고유의 논리를 강조하는 해석이나 가설을 강조하는 해석들이 공통적으로 가지고 있는 설명적 해석과는 전혀 다른, 정당화에 입각한 해석이다. 설명이 새로운 사실을 확립하기보다는 확립된 사실을 다른 것과의 연관 속에서 좀 더 잘 해명하기 위한 것이라면 정당화는 다른 것을 바탕으로 해서 새로운 사실을 확립하기 위한 것이다. 설명적 해석이 저자의 주장을 의심하지 않고, 될 수 있는 한 저자의 맥락 안에서 정합적으로 저자의 주장을 설명하기 위한 것이라면, 정당화에 입각한 해석은 저자의 주장이 과연 저자가 가정하고 있는 맥락을 벗어남에도 성립할 수 있는지를 묻는다. 한마디로 전자의 해석은 동정적 이해의 방식이고, 후자의 해석은 비판적 이해의 방식이다.

비판적 이해가 필요한 이유는 동정적 해석이, 다시 말해 가설에 입각한 해석이나 고유의 논리에 입각한 해석들이 그 정합성을 너무 강조한 나머지 자칫하면 저자의 입장에 지나치게 동정적 태도를 취하게 만들기 때문이다. 이는 종종 저자에 대한 맹신의 태도를 보이게도 한다. 동양의 고전에 대한 해석이 종종 비판학이라기보다 주석학에 머물렀던 것[9]도 이러한 동정적 해석이 지나치게 강조된 것과 연관이 있다.[10] 물론 우리는 『맹자』를 읽어가면서 일단은 맹자의 입장에서 바라보아야 맹자의 의도를 더 잘 파악할 수 있다는 데 동의한다. 하지만 거기까지이다. 우리는 또한 맹자를 해석함에 있어서, 맹자도 우리와 마찬가지로 인간인 이상 얼마든지 잘못 생각할 수 있고, 잘못 행동할 수 있었음을 인정해야 한다. 이것이 동정적 태도의 효용성은 충분히 인정하면서도, 『맹자』를 읽으면서 맹자를 정확히 이해하기 위해 우리가 지닐 수 있고, 또 지녀야 하는 비판적 태도이다. 설명적 해석(즉, 고유의 논리에 입각한 해석이나 가설의 해석)은 종종 맹자의 주장을 참인 것으로 받아들이는 가운데 진행된다. 다시 말해 설명적 해석은 '맹자는 왜 그렇게 주장했는가'를 묻는 반면, 정당화에 입각한 해석은 '왜 맹자의 입장을 우리가 받아들여야 하는가'를 묻는다.

우리가 『맹자』를 읽는 이유는 개인 맹자를 찬양하기 위해서가 아니다. 무언가 맹자로부터 배우기 위해서다. 그것은 맹자를 우리가 따라야 할 모

9 이런 점에서 동양의 고전은 단순한 하나의 '책'이라기보다, 종종 숭배되어야 할 '경전'이었다.

10 객관적 독해를 위해 저자와 독자 사이에는 어느 정도의 거리가 필요한 것 같다. 이것이 내가 '고유의 논리에 입각한 해석'보다는 '가설에 입각한 해석'을, 그리고 다시 '정당화에 입각한 해석'이 필요함을 주장하는 이유이다. 칸트가 이성은 순수해지면 질수록, 즉 경험적인 것과 떨어지면 떨어질수록, 경험에 대해 더욱더 통제력을 가진다고 말했을 때의 의미도 아마 이런 차원이 아니었을까. Immanuel Kant, *Kant's Groundwork of The Metaphysics of Morals*, 2판 34 참조.

델로 삼을 수도 있고, 혹은 따르지 말아야 할 반면교사로 삼을 수도 있음을 의미한다. 앞서 말한 고유의 논리에 입각한 해석이나 가설적 해석은 지나치게 저자의 입장을 옹호하려는 측면이 있다. 예컨대, 『맹자』 1A7장과 관련해서 혹은 『맹자』 전체와 관련해서 적절한 독해의 방식으로 정당화에 입각한 해석이 제안하는 독법은 고유의 논리에 입각한 해석이 제안할 법한 '거의 암기할 정도로 여러 번 『맹자』 읽기'나 가설에 입각한 해석이 제안할 법한 '어떤 긍정적 관심 사항을 동원한 『맹자』 읽기'가 아니라, '비딱한 『맹자』 읽기'이다. 다시 말해 그것은 다음과 같은 문제 제기를 할 수 있다: 인간의 도덕 감정인 사단을 기초로 인간의 도덕성을 옹호하려 한 맹자의 시도는 매우 제한적인 세계관에서만 의미가 있을 것이다. 맹자가 말하는 측은지심이나 자비심은 절대적 가치가 강조되는 사회 특히 가부장적이고 위계적이며, 농업 경제를 기반으로 하는 동양의 전통 사회에서는 나름대로 설득력이나 그 효용성이 있을 터이나, 유학이 다양한 이념 중의 하나일 뿐인 다원주의의 현대 사회에서는 맹자가 비난한 이기주의자의 삶의 길이 어떤 사람들에게는 더 매력적일 수가 있는 것이다. 과거에 비해 공동체적 삶을 추구하기보다는 개인의 개성을 존중하는 삶을 강조하는 현대인들은 우물에 떨어지려는 아이나 도살장에 끌려가는 소에 대해 훨씬 덜 동정심을 느낄 수 있음도 인정해야 되고, 또 설사 모든 사람이 지금도 여전히 과거 공동체 사회처럼 타인의 고통에 대해 동일하게 측은지심을 느낄 수 있다고 해도, 과연 이것이 다원화된 현대인이 필요로 하는 도덕성의 정당화에 얼마나 기여할지 의문을 가질 수 있다. 다양한 종교적, 도덕적 신념 체계들이 병존하는 현대에서 맹자 혹은 유교의 체계가 의미 있으려면, 맹자의 체계가 다른 체계보다 더 우월함을 보여주기 위해 노력하기보다는 맹자의 도덕 체계도 다른 체계 못지않은 정합성 내지 효용성을 가지고 있음을 보여주는 선에서 만족해야 한다. 다시 말해 맹자의 체계가 그저 여러 도덕적 혹은 종교적 신념 체계 중에서 하나의 것이라는 점을 인정한다면, 우리는 맹자의 체계에 대한 정당화에 너무 욕심을 부려서는 안 된다. 이러한 절제를 통해, 인간은 본성적으로 악하다고 믿는 사람들, 혹은 인간 도덕성의 기초는 자연적 본성에 의해 수립되어서는 안 된다고 생각하는 사람들, 혹은 종교적 혹은 관습적 차이로 인해 전혀 다른 형이상학을 믿는 사람들에게도 맹자의 도덕 체계는 의미 있는 여러 대안 중 하나로 다가설 수 있을 것이다.

재주와 격조 – 최남선론

최기영
사학

민족 지도자와 한국 근대사의 비극

육당 최남선(六堂 崔南善, 1890~1957)은 평생 두 차례 형무소에 갇힌 적이 있다. 1919년 3·1운동에서 「독립선언서」를 집필하고 일제에 체포되어 2년 넘게 복역한 일이 그 하나였고, 1949년 '반민족행위처벌법'에 의하여 1개월간 수감된 것이 그 두 번째였다. 바로 일제와 대한민국 정부에 의하여 한 차례씩 감옥 생활을 하였던 것이다. 민족의 독립을 위하여 감옥 생활을 한 그가, 그리도 원하였던 독립된 조국에서 '반민족자'로 다시 감옥에 갇힌 것이었다.

민족 지도자가 친일파로 변절한 일이 개인의 일에 그칠 수 없던 시대가 있었다. 그것이 우리 근대사의 비극이기도 하였다. 일제에 나라를 빼앗긴 지 열 해 만에 나라를 되찾자는 거국적인 3·1운동이 일어났고, 그때 「3·1 독립선언서」를 집필한 최남선이 독립의 의지를 버리고, 일제에 순응하며 변절한 사실은 그 비극의 깊이를 더하게 한다. 「2·8 독립선언서」의 작성자 이광수(李光洙)의 경우도 마찬가지이지만.

우리의 근대사는 자주독립과 근대화를 동시에 이루어야 한다는 과제를 안고 있었다고 생각된다. 그러나 일제에 국권을 빼앗기면서 자주독립과 근대화 어느 하나도 만족시키지 못하고, 결국 식민지라는 현실에 맞닿고 말았다. 최남선은 여전히 독립과 근대화를 쟁취해야 하는 일제 치하에서, 독립과 근대화라는 두 마리의 토끼를 모두 얻고자 진력한 인물이기도 하였다. 그러나 그 과정에서 친일이라는 진창에 빠져 헤어나오지 못하였던 것이다. 잘 알려진 대로 그는 한말부터 국민 계몽을 목적으로 근대화 운동에 진력하였고, 1919년 3·1운동에는 나라의 독립을 위하여 「독립선언서」를 집필하고, 일제의 감옥에서 복역까지 한 바 있던 민족 지도자 가운데

한 사람이었다. 그러나 1920년대 말부터 드러나게 친일로 돌아섰다. 최남선은 근대화와 독립을 추구하다가 좌절하고 만, 그래서 민족 지도자의 길이 얼마나 어려운 일인가를 보여주는 상징적인 인물인 것이다. 또한 그러한 이유에서 아직까지 신채호(申采浩)와 같은 인물이 우리에게 다가오는 것이 아닐까 한다.

최남선 평가의 두 모습

2007년은 육당 최남선의 50주기가 되는 해였다. 그는 1957년 10월 10일에 별세하였다. 그러나 그에 따른 별다른 행사 없이 지나갔다. 그의 탄생 100주년이 되던 1990년, 그를 추모하는 큰 행사가 있던 것과는 다른 모습이었다. 아마도 최근 일제 청산과 친일파에 대한 비판적인 관심이 높아진 일과 무관하지 않을지 모르겠다. 1920년대 말 이후 조선사편찬회에의 관여, 만주국 건국대학 교수, 학병 권유 등으로 대표되는 그의 후반 생애는 계속 간행되는 친일파 비판 서적에서 그를 빼놓지 않게 하고 있다. 자세한 언급은 뒤에 하겠지만, 그의 명성만큼이나 그의 친일 행위가 지탄의 대상이 되고 있는 것이다.

그러나 여전히 그는 우리 근대 문학의 선구자요, 우리 문화 연구의 개척자이며 「3·1 독립선언서」의 집필자로 이야기되고 있다. 그것은 사실이다. 1990년 육당최남선선생기념사업회에서는 『육당이 이 땅에 오신 지 백 주년』이라는 책을 후손이 운영하던 동명사에서 발간한 바 있다. 최남선의 사후에 발표되었던 추모의 글과 연구 논문들을 모아 편집한 책이었다. 최근에 집필된 글은 보이지 않지만, 그 대부분이 한국 근대 문학과 한국 문화 전반을 연구한 선구자로, 또 「3·1 독립선언서」를 작성한 독립운동가로 최남선을 평가하고 추모하는 내용이었다. 또 그의 친일도 변명의 여지가 있다고 하였다.

이미 1973년과 1974년에 걸쳐 고려대학교 아세아문제연구소의 주관으로 4·6배판의 『육당최남선전집』 15권이 현암사에서 발행되어, 그의 학문과 문학을 정리한 바 있었다. 전집은 2단으로 작은 활자를 써서 세로쓰기를 하였는데, 요즘에 나오는 책으로 만들면 30권으로도 모자랄 만큼 많은 분량이었다. 그 대개가 우리 문화에 집중되어 있다는 사실도 놀랍지만, 더욱 놀라운 일은 개인의 힘으로 『한국역사사전』을 만들고자 시도하였다는 사실이다. 실제 'ㄱ' 항은 어느 정도 완성하였는데 그 분량도 대단하다. 물론 다른 사람의 도움을 어느 정도 받았겠지만, 혼자의 힘으로 역사사전을 편찬하고자 할 만큼의 박학이 또한 최남선을 다시금 생각하게 하는 일이다. 2003년에 원문을 영인하여 다시 『육당최남선전집』을 역락이라는 출판사에서 간행한 것은 아직도 최남선의 저술이 학문적으로 효용성을 가지고 있다는 뜻일 것이다.

최남선은 그 같은 공적과 친일파로 변절하였다는 오욕이 함께하고 있다. 그렇다면 최남선에 대한 역사적 평가는 어떻게 내려야 할까. 그의 생애와 업적을 되돌아보면서, 그의 친일도 살펴보고 평가해보도록 하자.

성장-조숙과 계몽

최남선은 잘 알려진 대로 중인 가문 출신으로 관상감(觀象監) 기사를 하며 한약방을 경영하던 최헌규(崔獻圭)의 둘째 아들로 서울에서 1890년 음력 3월 8일(양력 4월 26일)에 태어났다. 어려서 한학을 수학하고 일본어를 배웠으며, 황실 유학생과 자비로 1904년과 1906년 두 차례에 걸쳐 짧은 일본 유학 생활도 하였다. 그리고 1907년 출판과 인쇄를 겸한 신문관(新文館)을 설립하고 「경부철도가(京釜鐵道歌)」를 지어 출판하였으며, 1908년 11월 『소년(少年)』이라는 잡지를 창간하여 거의 혼자 꾸려갔다. 모두 그의 나이 스물이 되기 전의 일이었다. 논란이 있지만, 『소년』 창간호에 「해(海)에게서 소년에게」라는 신체시를 발표하여 이 나라 근대 시문학의 맨 앞자리를 차지할 수 있었다. 스물의 나이에 이미 그는 이 나라 문화계의 총아였다. 스물한 살 때 나라가 일제의 식민지로 전락하였는데, 그때에는 이미 안창호(安昌浩)와 힘을 합쳐 비밀 결사였던 신민회(新民會)의 외곽 조직인 청년학우회(青年學友會)를 주도하였고, 조선광문회(朝鮮光文會)를 만들어 고전의 출간에 힘쓰고 있었다. 또 한자사전을 만들고, 우리말사전을 편찬하기 위하여 주시경(周時經)에게 그 일을 부탁하였다. 종횡무진한 그의 초기 활동이 스무 살을 전후한 시기의 일이었다는 사실은 그의 조숙성을 보여준다. 이른바 한말 이후 이광수·홍명희(洪命憙)와 함께 문화계의 '삼천재(三天才)'로 불린 것도 그러한 까닭이었다.

그의 20대는 잡지 출판으로 점철되었다. 『소년』에 이어 1912년에는 『붉은 저고리』를, 그다음 해에는 『아이들 보이』를, 또 1914년에는 『새별』이라는 어린이를 대상으로 한 잡지를 출판하였다. 이와 함께 1914년 10월 『청춘(青春)』을 창간하였는데, 이것은 한국인이 발행하는 유일한 성인용 종합 잡지였다. 또 그는 조선광문회와 신문관을 경영하며 많은 서적을 발간하는 일도 게을리 하지 않았다. 이른바 '육전소설(六錢小說)'도 신문관에서 발행된 것이었다.

이처럼 그가 잡지와 출판에 진력한 것은, 그것이 대중을 계몽하는 데 가장 좋은 방법이었기 때문이다. 특히 한글로 어린이 잡지를 계속 발간한 것은 어린이들의 계몽이 시급하다고 생각한 결과였을 것이다. 어린이 잡지나 성인 잡지는 일본의 잡지와 저술을 주로 번역한 것이기는 하였지만, 최남선이 문화를 매개로 한 근대 계몽주의자라는 표현에 걸맞은 일이었다. 그는 일본을 모범으로 한국의 근대화를 주장한 셈이었고, 실력 양성을 그 구체적인 방안으로 보았다. 동시에 고전이나 육전소설의 간행, 또 사전 편찬 등에서 보듯, 우리 것에 대한 관심도 누구보다 강하였다. 따라서 1910년대까지의 최남선은 조숙과 계몽이라는 말로 그의 활동을 정리할 수 있지 않을까 생각된다.

서른에서 마흔 사이 —「독립선언서」와 조선 문화 연구

나이 서른에 최남선은 「독립선언서」를 짓게 된다. 가장 뚜렷하게 그의 문명(文名)이 인정받는 계기였다. 아니, 「독립선언서」를 마땅히 그가 써야 할 것으로 인정될 만큼 그의 학문과 문명이 알려졌던 것이다. 그는 민족대표 33인이 되지는 않아 논란거리를 제공하였지만, 오늘날도 명문으로 알려져 있는 「독립선언서」를 집필함으로써 독립운동가의 반열에 오를 수 있었다. 다만 「독립선언서」는 한자어가 너무 많은 글이었다. 그 글을 낭독할 때 선언서를 가지지 않고서 제대로 알아들을 수 있었을까.

"오등(吾等)은 자(玆)에 아조선(我朝鮮)의 독립국(獨立國)임과 자주민(自主民)임을 선언(宣言)하노라"라고 시작한 「독립선언서」는 의도적으로 옛 문투로 쓴 것이었고, 또 일본어의 영향을 받은 것이 틀림없다. "우리는 이에 우리 조선이 독립국임과 조선 사람이 자주민임을 선언한다"는 문투를 당시에 사용하지 않은 것은 아니었다. 최남선은 '국주한종(國主漢從)'과

'언주문종(言主文從)'을 주장하는 데 그치지 않고, 그가 발간하던 잡지들에서 실천하기도 하였다. 그런데 「독립선언서」는 오히려 한자에 토씨로 한글을 사용한 투였다.

2년 넘게 감옥에 있다가 출감한 최남선은 1922년 9월 『동명』이라는 주간신문을 창간하여 운영하다가, 나아가 1924년 3월 신문사를 설립한다. '시대일보'가 그것이었다. 여기에 그가 출감한 직후부터 일제의 고등 술책이 진행되어, 그의 변절이 이때부터라는 견해도 있으나, 아무튼 그는 다시 문화적인 계몽 운동을 통하여 민족 지도자의 위치를 지닐 수 있었다. 그러나 사교(邪敎)의 돈을 운영 자금으로 끌어 쓰면서 신문사 운영이 실패로 돌아가자, 그는 자신의 본분을 학문에 두고 이후 왕성한 연구와 저술 활동에 전념한다. 학문적으로 운위되는 그의 업적은 거의 이 시기에 이루어지고 있었다.

1926년부터 1928년까지 최남선은 「심춘순례(尋春巡禮)」「백두산근참기(白頭山覲參記)」「금강예찬(金剛禮讚)」 등의 기행문을 출판하고, 개인 시조집 『백팔번뇌(百八煩惱)』와 역대 시조를 모은 『시조유취(時調類聚)』, 그리고 『아시조선(兒時朝鮮)』도 발간하였다. 또 신문과 잡지에 「단군론」과 「불함문화론(不咸文化論)」 등 단군과, 한국의 역사와 문화에 관한 많은 글들을 발표하고 있었다. 그의 기행문은 조국 강산에 대한 예찬이었고, 신앙이었다. "조선의 국토는 산하 그대로 조선의 역사며 철학이며 시며 정신"(「심춘순례」 권두)임을 강조하면서, 백두산은 동방에 있어 모든 것의 근본이 되었다고 하였고, 금강산을 정신적 최고 전당이며 성적(聖的) 존재라 하고 있었다. 이러한 점과 '붉' 사상의 강조 등으로 그의 역사학에 애니미즘(animism)적인 요소가 많이 보이고 신비적이며 낭만적이라는 지적을 받는 것이다. 흔히 '조선 정신'이나 '조선심(朝鮮心)'으로 이야기되는 그의 한국 문화 인식은 바로 이 시기의 저술에서 쉽게 볼 수 있다. 아무튼 그는 30대 후반, 왕성한 학구열로 한국 문화를 나름대로 정리하고 있었다.

마흔 이후의 10여 년-훼절(毁節)

마흔을 눈앞에 둘 때까지 저술 활동에 여념이 없던 최남선이 조선사편수회(朝鮮史編修會) 위원 자리를 차고앉은 것은 1928년 10월, 서른아홉 때의 일이었다. 일제의 한국 침략과 식민 통치를 학문적으로 합리화하고 정당화하기 위하여 만들어진 조선사편수회에 「독립선언서」를 쓴 그가 참여하였다는 사실은 당시 사회에서 매우 충격적으로 받아들여졌다. 이때 그의 친구 정인보(鄭寅普)와 한용운(韓龍雲)이 그의 집 앞에서 그가 죽었다며 술을 뿌리고 곡을 했다는 이야기는 유명하다. 1949년 마포형무소에 쓴 「자열서(自列書)」에 의하면, "일생의 목적으로 정한 학술 연구 사업이 절체절명의 위기에 빠지고, 그 봉록과 그로 얻는 학구상 편익을 필요로 하였다"며, 조선사편수회에의 참여가 학문 연구와 돈 때문이었다고 변명하였다. 학자로서 많은 서적을 모으고 싶던 그에게 총독부에서는 금전으로 유혹하였고, 그는 거기에 넘어가고 말았던 것이다. 그러나 그 변명은 궁색하다는 인상이 짙다.

물론 최남선은 조선사편수회에서 식민사관을 드러내는 일본인 어용 관학자들과, 민족적인 관점에서 학문적으로 대립하였던 것도 사실이다. 그렇기 때문에 그의 이러한 활동은 오히려 현실적으로 필요한 일이었다고 주장하는 이들도 있다. 그러나 그가 단군 문제를 비롯한 여러 논의에서 일제 관학자들의 주장을 비판하였지만, 반영될 수는 없었다. 최남선이 과연 조선사편수회에 참여하면 자신의 주장이 받아들여질 것으로 여겼는지는 모르겠지만.

사실 최남선의 업적으로 알려진 일들, 예컨대 여러 종류의 잡지 발간이나 우리 문화 연구 등 계몽적인 문화 운동의 공로도 대개 마흔 이전에 이루어진 것들이었다. 마흔을 경계로 훼절한 그의 명성은 금이 가기 시작하였으며, 학문적인 업적도 더 나오지 않았다. 오히려 1929년 『괴기(怪奇)』라는 잡지를 창간하기도 하였는데, 정말 괴기스러운 일이었다. 1937년 그는 「조선 문화 당면의 과제」라는 글에서 당시 한국 문화의 과제를 근대화·일본화, 그리고 근대화·일본화와 전통 생활의 마찰 처리라고 지적하기도 하였다. 한국 문화가 일본에 영향을 미친 것으로 이해하고, 한국의 국토와 정신·문화에서 '조선 정신'을 찾던 그가 한국 문화의 일본화를 내세운 것은 '내선일체(內鮮一體)'의 주장과 크게 다르지 않았다. 그가 뒤에 「자열서」에서 '일선동조론(日鮮同祖論)'을 부르짖었다는 여론에 대하여 변명하며, "학설 중 보급의 어려움과 그 대중 평가가 어떻게 허무맹랑함에 다시금 탄식을 금치 못할 것"이라고 한 뒤 "그것이 내선일체를 위한 행동이 아닌 것만은 나의 양심으로 서언하는 바"라 하였다. 물론 그가 내선일체나 일선동조론을 드러내놓고 주장하지는 않았지만, 적어도 그러한 경향을 보이고 있었던 것은 사실이다. 문제는 그가 단순한 학자로만 인식되지 않은 데 있다. 그는 민족 지도자로 대접받던 인물이었기 때문에, 한국 문화의 일본화를 논의한 것이 학자로서 곡학아세에 그친 것이 아니었던 것이다.

더욱이 그는 1939년에 일제의 괴뢰 국가인 만주국의 수도 신징(新京)에 설립된 건국대학(建國大學)의 교수로 초빙을 받아 도임하였고, 또 만선일보사(滿鮮日報社)의 고문직도 맡았다. 그 전해에 그는 조선총독부 중추원

(中樞院) 참의(參議)라는 최고의 친일파에게 주던 벼슬도 받아, 그의 월수입이 천 원에 달하였다는 조사도 있다. 일반 월급쟁이들의 월급이 수십 원에 지나지 않던 시기였다. 그는 이미 수만 권의 서적과 문서를 소장하고 있었는데, 건국대학에 있으며 만주와 몽골, 중국 북부 일대에서 많은 중국 서적들을 모아, 우이동에 17만 권의 장서를 지닐 수 있었다. 학문에 대한 열정의 일단을 살필 수 있다.

그러나 태평양전쟁이 발발하고 학병 문제가 제기되었을 때, 최남선은 학병 권유에 나서 매일신보에 글을 쓰기도 하고, 도쿄로 유세를 떠나기도 하였다. 건국대학 제자의 회고에 의하면, 그가 겉으로는 학병 권유를 하였지만 내심은 일제의 패망이 다가왔음을 예견하고 신생 국가의 군대를 만들기 위하여 훈련된 군인이 필요하다는 식으로 이야기하였다고 한다. 이러한 점으로 미루어 그는 이광수처럼 일제에 심복한 것은 아니었다. 그렇지만 매일신보에 그의 명의로 발표된 몇 개의 글은 일본의 승리를 확신하고 성전(聖戰)에의 참여를 촉구하고 있었다. 그 글들이 그의 이름을 도용한 것일 수도 있고, 또 속마음과는 달리 일제의 요구를 받아들였을 가능성도 있다. 최남선이 일제에 마음으로 복종한 것은 아니었다 하더라도, 그가 일개 학자에 지나는 인물이 아니었다는 사실에 유의할 필요가 있다. 식민지 한국 사회의 젊은이들에게 그의 명성은 아직도 대단하였다. 심복하지는 않지만 단호히 거절할 수 없던 지식인의 나약함이 그의 이러한 모습에서 드러난다. 최남선을 통하여 우리는 지도자는 개인에 그치지 않고, 하나의 방향이라는 점을 확인할 수 있다. 그의 40대와 50대 전반부는 식민지 치하에서 굴종한 민족 지도자의 모습을 본다.

해방과 6·25, 그리고 별세

해방이 되자 최남선은 1946년부터 1948년까지 『조선독립운동사』와 『신판조선역사』 『조선상식문답』 『국민조선역사』 『조선상식문답 속편·지리·제도·풍속』 『조선의 산수』 등 20권에 가까운 저서를 계속 발간하였다. 그 대부분이 한국사 개설서이거나 한국 문화에 관한 것이었다. 마치 해방을 위해 준비해온 듯 저술들이 간행되었고, 또 그것들은 일반에 널리 읽혔다. 그의 박학에 새삼 놀라지 않을 수 없던 작업이었다. 그러나 새로운 학문적 업적을 내놓은 것은 아니었다. 이광수가 나름대로 자숙한다며 『나의 고백』이나 『돌베개』를 쓰던 시기에, 최남선은 독립운동사를 쓰고 한국사 교과서를 간행하였던 것이다. 아무튼 정부가 수립되고, 1949년 2월 이광수와 함께 그는 반민족행위처벌법에 의하여 수감되었다. 이때 그는 전일의 잘못을 뉘우친다고 하여 「자열서」라는 것을 발표한다.

그런데 그에게 있어 자신의 행동은 항상 정당한 것이었다. 「자열서」를 살펴보면 그러한 그의 모습을 찾을 수 있다.

> 나는 분명히 일평생 한 길을 일심으로 매진한 것을 자신하는 자이다. 중간에 어려운 환경, 유약한 성격의 내외 원인이 서로 합병하여서 내 옷에 흙을 바르고 내 행리에 올개미를 씌웠을지라도 이는 그때그때의 외적 변모일 따름이오, 결코 마음과 행도의 변전·변환이 아니었다. 이 점을 밝히겠다 하여 이 이상의 강변스러운 말을 더하지 않거니와, 다만 조선사편수위원, 중추원 참의, 건국대학 교수, 이것저것 구중중한 옷을 열 벌 갈아입으면서도 나의 일한 실제는 언제고 종시일관하게 민족정신의 검토, 조국역사의 건설 그것밖에 벗어진 일 없었음은 천일(天日)이 저기 있는 아래

당연명언하기를 끌리지 않겠다

그 자신이 비록 일제의 관직을 맡은 적도 있으나, 그의 행한 바와 관심은 오직 민족정신의 검토와 조국 역사의 건설이었다고 매우 당당하게 이야기하고 있던 것이다. 누가 뭐라고 하든 자신은 정당하였고, 그 이상의 변명은 하지 않겠다는 논리. 「자열서」는 그 자신의 암우(暗愚)를 속죄하는 뜻으로 작성되었지만, 실제 그는 그 스스로의 행위에 대한 변명을, 그것도 꼭 알아달라는 형태가 아니라 나는 이러하였다는 투의 통고였다. 이 점은 그의 성격과도 무관하지 않겠고, 사람에 따라 그가 진정 과거의 반민족 행위를 반성하였다고 보기도 하겠지만, 변명이라기보다 너희가 나를 잘 몰라서 하는 일이라는 오만으로 보이기까지 하였다.

1개월 만에 보석되었을 때, 그는 회갑을 한 해 앞둔 나이였다. 그리고 6·25전쟁이 일어났고, 그가 회갑 때까지 모은 그 아끼던 장서 17만 권이 재가 되었으며, 큰아들이 화를 입었다.

『한국역사사전』을 편찬하기 위하여 그는 다시 필요한 서적들을 모아야 했다. 다시 4만 권의 서적을 모았으나, 그 질은 그리 만족한 것이 되지 못하였다고 술회한 바 있다. 여전히 그는 저술과 강연 등으로 바쁘게 지내다가, 1957년 10월 10일 오후 5시 68세를 일기로 세상을 떠났다. 세상을 떠나기 전 1955년 11월 그는 '베드로'라는 이름으로 천주교에 귀의하였는데, 이때에도 「나는 왜 가톨릭으로 개종하였나?」라는 글로 개종 이유를 설명하였다. 따라서 그의 장례는 명동성당에서 천주교식으로 치러졌다.

다시금 민족 지도자의 길

최남선은 이미 지적한 대로 근대 문학의 선구자요, 근대 문화 발전의 공로자이며, 한국 문화 연구의 개척자였다. 또 「독립선언서」를 집필하여 민족 지도자로의 위치도 차지하고 있었다. 그런데 문화 운동에 의한 뚜렷한 공적은 사실 현실 타협을 수반하지 않고서는 불가능한 것이었다. 일제와의 치열한 대립과 갈등보다는 일정한 타협 속에서 그의 뜻한 바를 전하고자 하였다. 따라서 오해도 많았겠지만, 그만큼 일제의 영향력 안에서 활동하였다고 하겠다. 그는 일제에 이용당한 측면도 없지 않다. 그러나 다른 한편, 그는 유약한 학자임을 내세웠던 것처럼 강인하지 못하였다.

역사는 과거의 인물을 평가하는 데 있어, 지나치게 일방적인 면이 있다. 최남선은 질곡의 식민지 현실에서 나름대로 잘 대처해왔다. 그가 「자열서」에서 그처럼 당당하였던 것도 그런 까닭이었다. 그러나 이 민족은 그에게 단순히 유약한 학자의 길을 요구하지는 않았다. 그가 「독립선언서」를 집필한 것은 민족에 그만한 부채를 안았던 것이다. 최남선의 친일은 한 유약한 학자의 훼절에 그치는 것이 아니었다. 현실론으로 치부하기에 그는 너무 큰 공적을 지니고 있었다. 초기 이 나라 문단을 이끌었고, 3·1운동의 이론적 바탕을 제시하였으며, 민족에게 한국 문화의 우수성을 심어준 것이 바로 최남선이었다. 그의 훼절은 바로 민족에 대한 배신이었다. 실제 그가 일제에 심복하지 않고 나름으로의 민족 사랑을 계속하였다고 하더라도, 이 민족의 기대는 그러한 모습이 아니었다.

최남선은 여전히 그의 공적만큼 숭상되어도 좋을 인물이다. 그의 공적이 그만큼 크기 때문이다. 그러나 그것은 매우 한정적인 부분에서만 적용되어야 할 것이다. 전체적으로 그는 그의 공적으로 말미암아 오히려 비판의 대상이 되고 극복의 대상이 되어야 한다. 이 민족에게 아무런 공적이 없는 한 천재 지식인의 훼절이라면, 우리는 별다른 관심을 가지지 않아도 좋기 때문이다. 오늘날에도 최남선이라는 인물의 생애와 그에게서 찾을 수 있는 공과 실은 우리에게 교훈적이다. 민족 지도자의 길이란 개인에게서 그치는 것이 아니라고. 지식인의 갈 길 또한 우리 모두의 옷깃을 저미게 한다. 스스로를 되돌아보도록 하기 때문이다.

노자(老子)가 말하는 삶의 방식은 무엇인가

최진석
철학

노자는 은둔의 철학자나 반문명론자가 아니라 다른 형태의 문명론자이다.

춘추전국(春秋戰國) 시대의 다양한 사상 전개 활동을 우리는 백가쟁명(百家爭鳴)이라고 부르는데, 이는 사상의 개방성과 혼란한 사회상을 직접적으로 반영하는 말이다. 이 다양한 사상 가운데서도 특히 도가와 유가가 대표성을 띠고 훗날까지 중국 철학의 중심축을 형성하는 두 사상으로 간주되어왔다.

그런데 노자(老子)를 공부하는 사람은 유학을 멀리하고, 유학은 또 노자를 배척하였다. 노자를 부정적으로 보는 쪽에서는 대개 노자는 은자(隱者)이고, 노자의 사상은 은자의 사상이라고 보는데, 이런 이해는 노자를 현실에서 뜻을 펴지 못해 현실을 등진 소극적 은둔자로 보게 함으로써, 노자의 철학을 공적인 문제의 적극적 해결이나 주장에 적합하지 않은 것으로 보게 한다. 그래서 우리는 일반적으로 유가는 적극적이고 도가는 소극적이며, 유가는 현실 참여적이지만 도가는 현실 도피적이며, 유가가 문명 건설적이라면 도가는 문명 비판적이고, 유가가 도덕적 군자상을 강조한다면 도가는 반도덕적 은자의 형상을 추구한다고 알고 있다.

그런데 나는 우리가 알고 있는 바와 같이 노자나 도가 철학이 정말 현실을 초월하거나 이탈하여 현실에는 아무런 의지나 바람을 가지지 않았을까 하는 데 의심을 갖는다. 노자의 『도덕경(道德經)』만 보더라도 정치적 응용을 가능케 하는 내용이 상당 부분 포함되어 있고, 중국 철학의 전체적인 성격이 현실을 벗어나 있지 않기 때문이다. 장자까지 포함해서 중국 사상사에 기록된 철학자들 가운데 현실을 도외시한 철학자가 과연 한 명이라도 있는가?

사실 인류 역사상 혼란스럽지 않은 시대가 있었겠는가마는, 노자와 공자가 살던 춘추전국 시대는 생산 양식이나 통치 질서 내지는 신분 구조가 모두 한꺼번에 변화하면서, 그 이전과는 다른 새로운 패러다임을 준비하는 시기였다. 사회의 모든 분야가 가장 근본적인 면에서 변화를 모색하였던 것이다. 이런 의미에서 중국의 역사상 가장 큰 '혼란기'였다고 할 수도 있을 것이다. 이런 와중에 노자와 공자라는 대표적인 두 철학자가 급변하는 역사 속에서 각자 그런 현실을 타개할 통치 질서를 모색하고 있었던 것이다. 공자는 이런 급변하는 역사 속에서 당시의 현실을 "천하무도(天下無道)"(『논어』「팔일」과 「계씨」)한 것으로 규정함으로써, 당시의 현실을 '혼란'으로 파악하는 일단을 내보이고 있다. 변화에 대한 부정적인 태도를 보이고 있는 것이다. 그런데 이와 달리, 노자는 당시의 현실을 '혼란'보다는 '변화'로 파악하고, '변화'에 대해 대체로 긍정적인 시각을 갖고 있는 것 같다. 그의 철학에서 '도(道)'의 운동력으로 '반(反)'이 강조되고 있는 것을 보더라도 쉽게 알 수 있다. 이렇게 변화를 보는 태도가 달라지게 된 것은 그들의 역사관 및 세계관 때문이기도 하겠지만, 역으로 그들의 역사관 및 세계관은 현실을 깊이 관찰한 후 얻어진 통찰이기도 할 것이다. 나는 공자와 노자의 이론 체계에서 몇 가지 중요한 개념들을 비교 분석하고, 마지막으로 노자의 이론 체계가 응축된 그의 '도론(道論)'을 논술함으로써 노자의 철학이 은둔자의 철학이라기보다는 당시 인문주의적 풍토에서 크게 힘을 얻어가던 공자의 철학이나 통치 형식과 다른 또 하나의 문명을 제시하고 있음을 증명하겠다.

공자와는 다른 형태의 문명을 제시하는 노자

1. 친친(親親)과 무친(無親)

공자는 당시 사회의 변화를 천하무도한 혼란으로 규정하며, 그런 혼란을 극복하고 사회 질서를 회복하기 위해 서주 사회를 이상적 모델로 상정한 다음, 당시의 사회에 서주 사회의 '예(禮)'를 실현하려는 이상을 가지고 있었다. 그가 주장하는 '복례(復禮)'의 구체적인 내용은 바로 서주 시대의 '예'를 회복하는 것이었다. 주(周)는 원시 공동체인 '희씨(姬氏)'족이 강성해져 상(商)을 정복한 후 중국의 지배 세력으로 자리를 잡은 나라이다. 주나라는 자신의 종족 귀족들 가운데 대표자들이나 왕의 인척 내지는 동맹자 등 신임할 만한 사람들에게 봉토를 수여하여 커다란 중국을 통치하였다. 이런 통치 방식을 우리는 봉건 제도라고 하는데, 이런 봉건 제도는 가부장적인 종족 지배 즉 종법(宗法) 이데올로기와 연결되어 서주 사회를 유지하는 기본 제도로 정착하였다. 그러므로 서주의 통치는 종족 구성원의 혈연적 유대에 기초해 있었으며, 동시에 혈연적인 유대에 의해 제한되었다. 혈연적 유대의 개념이 주나라에서는 국가 개념과 일치한다. 혈연적 유대의 이익이 곧 국가의 기초였던 것이다. 따라서 혈연적 충성이라는 원리는 국가에 대한 충성과 동일시되었고, 가족 내에서 아들의 부모에 대한 존경(孝)과 연소자의 연장자에 대한 존경(悌)은 제후의 왕에 대한 복종과 하층 관료의 상층 관료에 대한 존경과 유비되어 설명되었다. 주나라의 이런 사상과 공자의 사상을 가장 잘 발휘했다고 평가되는 맹자의 이론 체계에 이런 특징은 잘 계승되어 있다. 즉 『맹자』를 보면 '인(仁)'과 '의(義)'의 실질적인 내용이 '사친(事親)'이나 '종형(從兄)'과 같은 가족 내의 행위로 설명되는데, 다른 편장(篇章)에서는 또 가족 내의 덕목이었던 '의'를 군신 간의 덕목으로 설명하고 있다. 혈연적인 관계의 덕목과 국가 차원의 덕목이 혼재되어 있는 모습이다.

그렇기 때문에, 이런 구조에서는 모든 덕목의 기초나 신분을 나누는 기준이 모두 '친(親)'을 가장 기본으로 하고 있었다. 즉 '친소(親疎)'의 정도(그 가운데 소수는 공훈의 정도에 따라)에 따라 신분을 나누고, 그것을 기초로 신임의 정도를 결정한 것이다. 더 나아가서는 친한 사람을 친하게 여기고 신임하는 것을 인간성의 발현으로 이해하고 그런 정신을 유지해야 가치 있는 사회 정의가 실현된다고 보았다. 『상서(尙書)』의 「주서(周書)」에서 가장 나쁜 악을 불효(不孝)와 부제(不悌)로 보는 것도 모두 이런 통치 이데올로기와 관련이 있을 것이다. 공자는 이런 전통을 계승하여 '친'을 모든 덕목을 가능케 하는 기본 심성으로 이해한다. 그래서 양을 훔친 아비('친')를 고발하지 못하고 숨겨주는 자식의 마음가짐을 가장 기본적인 심성으로 본다. 정직함도 '친친'을 실천할 수 있는 능력하에서라야 비로소 의미를 갖게 된다는 것이다. 공자는 군자의 '친친'함을 백성들의 '인'의 실천으로 바로 연결시키고 있다. 공자를 계승한 맹자도 '친친'을 유가 사상의 핵심인 '인'을 실천하는 기본 내용으로 본다. 유가에서 '친'이 모든 덕목의 가장 기본적인 출발점임을 알 수 있다.

노자의 경우를 보자. 노자를 필두로 한 도가 철학의 특징은 천구잉(陳鼓應)이 주장한 것처럼 천도(天道)에서 인도(人道)를 연역해내는 사유 구조의 특징을 가지고 있다. 유가가 형이상학 체계와 관련 없이 인간사의 일을 해결하려는 것과 달리 노자는 천도와의 유사성을 확보하는 것을 인간 행위의 모범으로 삼은 것이다. 그래서 노자에게서는 인간 행위의 준칙을 찾기 위해 세계의 구성 원리나 존재 형식을 파악하는 것이 선결 요건이었다. 그런데 노자가 보기에 인간 행위의 준칙으로 삼을 수 있는 세계의 존재 형식 내지 우주의 원리는 특별히 어떤 것을 더 사랑하거나 친하게 여기지 않고("天道無親") 모두 공평하게 대하는 특징을 가지고 있다. '도(道)'를 본받아서 하는 행위를 최고로 보는 노자 철학 체계에서 '친친'이 덕목이 될 수 없는 것은 당연한 일이다.

공자의 철학에서 '친친'이 가장 기본적인 요소라면 노자는 '무친(無親)'을 주장한다. 『도덕경』 56장에서 노자는 구획하여 정의하는 식의 앎을 지혜로운 것으로 보지 않고("知者不言, 言者不知"), 친소의 구분 없이("不可得而親, 不可得而疏") 그 안에 섞이는 것("玄同")을 높은 가치의 것으로 본다. 이것은 천도의 운행 원리가 특별히 편애하는 것 없이 친소 관계나 관심의 정도에 따라 하지 않기 때문에("天道無親") 그것을 본떠서 하는 행위 원칙이다. 노자의 철학을 발전시킨 것으로 간주되는 장자는 그런 의도를 더욱 분명히 드러내고 있다. 장자도 무엇을 특별히 사랑하지 않는 '무친'의 태도를 가장 높은 경지의 행위 원칙으로 삼는다.("至仁無親"「天運」, "於事無與親"「應帝王」) 무엇을 특별히 사랑하는 태도는 궁극적인 의미에서 바람직하지 않다는 뜻이다.("有親, 非人也"「大宗師」)

2. '예(禮)'와 '비례(非禮)'

주나라는 혈연적 유대를 기초로 해서 직분과 신분을 나누어 통치하였는데, 이 직분과 직분 그리고 신분과 신분 사이에는 구체적인 행위 규범이 정해져 있었다. 귀족들 사이 이런 사회 규범을 예('禮')라고 한다. '예'는 본래 원시적 씨족 공동체의 시대부터 습속과 관례로 전승되어온 행동 규범을 말한다. 희씨(姬氏)를 중심으로 한 종족 지배가 발전하면서 '예'는 서주의 지배 계층 내에서 행동 규범 즉 지배 체제의 공고화를 강하게 뒷받침하는 사회 질서의 기능을 하게 되었다. 이 때문에 주(周)의 통치는 예를 국가의 근본 뿌리로 여겼다.

'예'에 대한 이런 기본적인 이해는 공자를 거쳐 순자(荀子)에 이르기까지 일관되게 적용되는 것 같다. 공자도 행위를 할 때 따라야 하는 기본 규범 내지는 원칙을 '예'로 이해한다. 즉 행위를 조절하는 일정한 기준 내지는 규범으로 파악하는 것이다. 따라서 이 '예'에 의해 조절되지 않으면 어떤 행위도 정당화될 수 없다. 선진 철학자 가운데 이 '예'를 자신의 이론 체계의 중심 문제로 발전시킨 순자에게 있어서도 이 '예'가 계층이나 개인들 사이에서 발생할 수 있는 욕망의 충돌을 조절해서 사회의 질서를 유지시키는 역할을 하는 사회 규범이다.

따라서 주나라부터 공자를 거쳐 순자에 이르기까지 이 '예'의 기본 의미는 '친(親)'을 근거로 해서 나눈 신분을 인정하는 기초 위에서, 각 신분이나 직분에 맞는 '정해진' 행위 규범이다. 따라서 이 '예'는 '친(親)' 및 '분(分)'과 밀접하게 연관될 수밖에 없는 범주이다. '구분'과 그 '구분'의 질서 있는 운용을 지향하는 의미로서의 '예'에 대해 노자나 장자는 사뭇 비판적이다. 공자가 노자에게 '예'를 물었다는 사실(史實)뿐만 아니라, 『도덕경』 31장의 내용을 보더라도 노자가 '예'의 의미를 잘 이해하고 있음을 알 수 있다. 그렇지만 노자는 '예'의 기능과 역할에 대해 공자만큼 긍정적이지 않다. 노자가 보기에 '예'는 가장 수준 높은 차원에서라도 자기가 한 것에 대해 반응이 없으면 사람들을 억지로 끌어다가 그것을 지키게 한다. 인간의 자율성에 의지한다기보다는 일정한 내용으로 규범화한 '예'의 편협

성과 제한성 및 그 경직성을 공격한 것이 아닌가 싶다. 노자가 보기에 '예'는 우주적 차원의 순수한 본성이 몇 단계 파괴된 후 나타나는 그다지 수준 높은 덕목이 아니다. 이런 식의 '예'는 우리 인간의 순수한 본성을 보장하거나 관용적인 태도를 실현하기보다는 정해진 '예'를 경직된 태도로 지키게 하는 강제성만 드러나게 할 뿐인 것이다. 그래서 '예'가 우리의 본성을 지키고 그것을 기초로 사회적 질서를 진정으로 유지시키는 기능을 한다기보다는 오히려 충성심과 신뢰를 겉보기로만 지키는 듯이 하다가 결국은 사회를 혼란으로 몰고 간다는 것이다.

3. '분(分)'과 '비분(非分)'

공자는 자신이 살던 시대를 "천하무도"하다는 부정적인 의미로 규정하고, 서주 사회를 긍정적인 모델로 해서 그곳으로의 복귀를 희망한다. 그가 말하는 "천하무도"의 내용은 구체적으로 신분 질서의 붕괴이고, 그 신분 질서의 붕괴는 경제적으로 힘을 얻은 피지배 계층에 있던 사람이 위로 올라오려는 욕구를 분출하는 모습이다.

다시 말해, 공자가 이상적인 사회로 생각하던 서주 사회까지는 통치하는 '군자'와 생산에 종사하는 '소인'이라는 두 계층으로 분명히 '구분'되어 있었는데, 주나라 봉건제 실시 6백여 년이 지난 공자의 시대에 와서는 소인이라고 불린 생산 계층의 일부가 생산력의 발달을 토대로 경우에 따라서는 자신을 위한 잉여 생산물을 생산함으로써 직접적인 생산 활동에서 벗어나 이제까지 하늘로부터 규정된 숙명을 떨쳐버리고 지배 계층으로 들어가려는 과감한 시도를 했고, 지배층인 세습 귀족은 이들의 시도에 당연히 반기를 들었다. 이러한 대립적인 계층 간의 충돌에 의해 사회적인 변화가 발생했는데, 공자는 이것을 '난(亂)'이나 '무도(無道)'라는 부정적인 용어로 보게 된 것이다.

공자의 "군자는 조화를 꾀하지 똑같아지려 하지 않으며, 소인은 똑같아지려고 하지 조화를 꾀하지 않는다"[1]라는 말은 신분의 구분과 신분 질서의 교란에 대한 공자의 인식을 아주 잘 드러내고 있다. 즉 지배층에 있던 군자는 차등을 이루는 신분 질서 속에서 소인들과 조화를 이루려고 하지 그들과 지배적인 자신들의 신분을 나누어 같이 누리려고 하지 않으며, 고착된 신분 질서 속에서 계속 생산을 담당해야 하는 소인들은 군자들의 의도와 달리 군자들의 지위로 올라가 군자들과 신분상 같아지려고 한다는 뜻이다. 공자는 물론 소인들의 태도에 반대한다.

유가에서 이렇게 '분(分)'을 강조한 것은 바로 신분의 구분을 분명히 해야 사회가 질서를 유지할 수 있다고 보는 이런 역사 인식을 기초로 하고 있고, 이것은 이후의 유가의 내용을 결정하게 되었다. 맹자는 이런 신분의 구분을 "천하지통의(天下之通義)"라고 함으로써 이런 인식에 보편성을 부여한다. 순자는 '분'이 인간에게만 있는 능력이자 보편성이라고까지 규정한다.

이와 달리, 도가 즉 노자는 변화를 강조하고 '분'을 부정한다. 노자 철학에서 '변화'와 '관계'는 아주 중요한 핵심 개념이다. 즉 어떤 것도 독자적으로 존재하지 않고 반대되는 것과의 관계 속에서 존재한다. 세계의 이런 원리를 노자는 '도(道)'로 표현하고 있는데, '도'의 핵심 내용은 반대 방향을 지향하는 운동력 즉 '반(反)'이다. 뒤에서 자세히 설명하겠지만, 내가

1 "君子和而不同, 小人同而不和."(『論語』「子路」)

추측건대 노자는 사관(史官)으로서 우주나 역사가 변화 속에 있음을 너무나 철저히 인식하고 있었다. 따라서 어떤 것도 변화하지 않거나 독립적으로 존재할 수 없음을 분명히 말하고 있다. '반'이라는 말로 이런 공자식의 '분'과는 다른 태도를 취하고 있는 것이다. 그가 공자의 신분 질서를 유지시켜주는 '친'이나 '예'를 부정하는 것도, 그 '친'이나 '예'가 신분 질서를 고정시키는 역할을 함으로써 우주 운행 원리의 기본 내용인 '반'과는 다르기 때문이다.

4. '정명(正名)'과 '비명(非名)'

노자는 '명(名)'이라는 개념을 놓고도 공자와 다른 태도를 취한다. 공자의 '정명(正名)' 사상은 그의 역사관에 근거하고, 기본적으로 사회 질서의 확립을 목적으로 하고 있다. 본래 주나라는 그들 지배의 확립을 위해 천자와의 친소(親疎)에 따라 신분(分)을 다양하게 구분하고 그들 사이의 행위 규범(禮)에 따라 행위를 함으로써 질서를 유지하였다. 그런데 이런 질서가 사회적 변화 속에서 흔들리고, 모든 명분이 모두 그 본래적 의미를 상실하였다. 그래서 공자는 이 본래적 의미의 명분, 회복을 정치 행위의 제일요건으로 삼은 것이다. 사회 질서의 확립을 위해서는 모든 이름이나 명분 다시 말해 신분은 그 신분이 정하고 있는 고유한 내용, 즉 주례(周禮)에 따라 그 이름에 본래적으로 부여되어 있는 요청들과 일치해야만 했다. 공자에게 있어 '명'은 변동될 수 있는 의미를 가진 임의의 기호가 아니라, 그 안에 주례로 규정된 불변의 내용을 가지고 있고, 각각의 신분 속에서 요청된 명분을 가진 사람은 그 명분에 맞게 그 내용을 실현해야 하는 것이다.

공자와 달리 노자는 변화를 수용하고, 변화를 우주 원리의 핵심 내용으로 이해한다.("反者道之動") 따라서 어떤 명분이나 명칭도 고정 불변의 것으로 있을 수 없음을 『도덕경』 1장에서 "하나의 개념으로 규정된 '명'이 항상 그 '명'의 진정한 의미를 나타내는 것은 아니다(名可名非常名)"라고 분명히 밝히고 있다. 노자의 철학적 주제는 어떻게 하면 우주적 원리를 이해해서 그것을 그대로 인간사에 적용할 것인가 하는 점이었다. 그래서 공자처럼 신분의 명분 문제를 직접적으로 언급한 부분은 적다. 그러나 그가 전체 철학에서 세계의 모든 것이 독자적이기보다는 '관계' 속에 있고, 이 관계는 변화를 전제로 하고 있음을 주장한다고 할 때, 신분 질서에 관한 그의 이해는 쉽게 짐작할 수 있다. 노자가 보기에 사회 질서는 고정적인 신분의 구분을 통해서가 아니라, 고착된 명분을 소지하지 않은 '도'의 질박함을 본받음으로써 더욱 잘 유지될 수 있다.

노자의 철학이 응축되어 있는 '도'

노자는 공자가 당시 사회를 '혼란'으로 받아들인 것과 달리, 그것을 '변화'로 이해한 듯하다. 물론 노자가 당시의 상황을 병폐로 보지 않은 것은 아니지만 '변화'에 대해서 공자와는 매우 다른 입장을 취한다. 그는 이런 역사 인식을 단지 사회적 관심으로만 돌리지 않고 그것을 하나의 완성된 철학 이론 체계로 정립하였다. 그의 '도론(道論)'은 형이상학적 내용이지만 거기에는 변화를 긍정하고 통일보다는 분산, 강함보다는 부드러움, 효율성보다는 생명력을 중시하는 그의 사회 정치적 패러다임이 담겨 있다.

류샤오간(劉笑敢)은 "도는 세계의 기원일 뿐 아니라 만물의 근거이다.

이것은 노장에 있는 도에 우주론적 의미뿐 아니라 본체론적 의미가 있음을 설명하는 것이다"라고 한다. 또 일반적으로 『도덕경』에 있는 "도생일, 일생이, 이생삼, 삼생만물(道生一, 一生二, 二生三, 三生萬物)"을 우주 본원으로서의 '도'의 작용 즉 우주 발생의 과정을 설명하는 것으로, "도법자연(道法自然)"을 '도'에 법칙의 의미가 있음을 증명할 수 있는 구절로 이해하여, 『도덕경』의 '도'에는 실체와 법칙의 의미가 동시에 존재한다고 본다. 이 '도'의 성질에 관해서도 의견이 분분하다. 누구는 정신적인 것이라 하고 또 누구는 물질적인 것이라 하며, 우주를 구성하는 가장 기본적인 물질적 원소라 하기도 하고, 우주의 운동 과정을 지배하는 법칙이라고도 한다. 그런데 어떤 종류의 해석이든 간에 모두 모종의 근원적인 존재로서 '도'가 실존한다는 사실을 인정한다는 점에서 의견이 일치한다. 그런데 나는 의견이 다르다. 결론부터 말하자면, 최소한 노장(老莊)이 말하는 '도'는 근원적인 어떤 존재가 아니라 세계가 존재하고 있는 형식을 표시하는 일종의 "가장 기본적인 보편 원칙 내지는 보편 원리"이다. 이런 내용을 『도덕경』 특히 1장을 중점적으로 보기로 한다.

> '도'를 언어로 표현할 수 있다면 그것이 항상 '도'의 진정한 의미를 가리키는 것은 아니다. 그것은 하나의 개념으로 규정된 '명'이 항상 그 '명'의 진정한 의미를 나타내는 것은 아닌 것과 같다.(道可道, 非常道, 名可名, 非常名)

노자는 『도덕경』 제1장 첫 대목에서 그의 기본 태도나 세계를 바라보는 관점을 제시하고 있다. 그는 '도(道)'나 '명(名)'이 어떠하다는 성격만을 설명하지 '도'는 '어떤 것'이라고 정의하지 않음으로써, '도'가 본질적인 내용을 담지하고 있는 '어떤 것'이 아니기 때문에 개념화나 정의가 불가능함을 나타내고 있다. '가도(可道)'의 '도'는 바로 '개념화'란 의미이다. 뒤에 나오는 '명'과 같은 의미이다. 개념화란 어떤 것을 그것이 다른 것과 구별되는 그것만이 가지고 있는 고유한 성질이 있음을 인정하고 그것을 그 본질적 내용으로 규정하는 작업이다. 그런데 뒤에서 논증하겠지만 노자는 자신의 철학 체계에서 '도'를 그런 본질적 내용을 담지하고 있는 '어떤 것'으로 보지 않는다. 그래서 노자는 "명가명비상명(名可名非常名)"이라는 구절로 이 반개념화의 태도를 더욱 강조하고 있다. 어떤 사람은 이 구절을 노자가 존재와 사유의 문제를 다루는 곳으로 이해하는데, 만일 그렇다면 『도덕경』 내에서 '명'이라는 개념이 '도'와 동등한 차원에서 중심 범주 역할을 하였을 것이다. 그러나 23번이나 나오는 '명'자에 존재와 사유의 문제를 표출하는 범주로 사용된 예는 찾아보기 힘들다.

> '무'는 이 세계의 처음 상태를 가리키고, '유'는 이 세계에 있는 모든 것을 가리킨다.(無, 名天地之始, 有, 名萬物之母)

노자는 여기서 '유'와 '무'를 기본적인 한 쌍의 범주로 제시해서, '유'와 '무'를 가지고 가장 기본적이고 가장 보편적인 의미에서 세계의 존재형식을 설명하려 한다. 여기에 나오는 '시(始)'와 '모(母)'에 관해서는 다양한 의견이 있지만, '시'를 '출발점'으로 해석하여 '시'와 '모' 사이에 존재론적으로나 시간적으로 순서가 있는 것으로 보기도 한다. 이 구절에 대한 주치엔즈(朱謙之)의 주석을 왕보(王博)는 다음과 해석한다.

"시와 모는 분명히 구별된다. 첫째, 순서로 볼 때, 시가 먼저고 모는 나중이다. 둘째, 상태적으로 볼 때 시는 자신과의 관련 속에서 하는 말이지만 모는 자식이라는 다른 것과의 관련 속에서 하는 말이기 때문이다."

왕보는 유와 무 사이에 순서적인 차별이 있다고 본다. 그는 『도덕경』 52장[2]에 근거해서 다음과 같이 부연 설명한다. "이 장에서는 먼저 시를 말하고 그 뒤에 모를 말하는데 이것은 바로 시가 앞서고 모가 나중임을 밝힌 것이다." 그러나 내가 보기에 『도덕경』 52장의 내용은 오히려 왕보가 본 바와는 반대로 '시'와 '모' 사이에 시간상의 차별이 없음을 설명하고 있다. "그것으로서 이 세계의 모친과 같은 역할을 한다(以爲天下母)"는 구절에 나오는 '이(以)'는 '시(始)'를 가리켜야 한다. 그래서 의미는 "천하에는 시초의 모습이 있는데 그것으로서 이 세계의 모친과 같은 역할을 한다"가 되어야 한다. 이것("天下有始, 以爲天下母")은 수직적인 서술이 아니라 평면적인 서술이다. 천구잉이나 장시창(張錫昌) 모두 '시'와 '모'가 각기 다른 각도에서 '도'를 묘사한 것으로 이해한다.

'시'와 '모' 사이에 순서상의 차이가 없는 것처럼 '무'와 '유' 사이에도 층차상의 차이가 없다. '유'와 '무'는 '있음'과 '없음'이라는 소박한 개념으로, 세계의 존재 형식을 설명하는 가장 기본적인 범주이다. 천구잉이나 하오쿤(河浩堃) 그리고 황치러(黃啓樂) 등도 '도' 자체에 '유'의 특성과 '무'의 특성이 공존한다고 한다. 그런데 문제는 이들이 모두 '도'를 최고의 실체로 보고 '유'와 '무'를 최고 실체인 '도'의 두 가지 특성으로 본다는 점이다.

"'도'는…… 무형질에서 유형질로 구체화되는 활동 과정을 가진다. …… 이 은밀하고 형체가 없는 '도'는 우리의 감각 기관이 인식할 수 없다. 그래서 노자는 '무'를 가지고 '도'의 무형한 특성을 가리킨다. 그런데

2 "天下有始, 以爲天下母, 旣得其母, 以知其子, 旣知其子, 復守其母, 沒身不殆."

무형한 성질의 이 ‘도’는 만물을 생산할 수 없다. 따라서 노자는 ‘유’를 가지고 형이상의 ‘도’가 현상계로 구체화될 때 무형질과 유형질 사이에 끼여 있는 상태를 형용한다.”

“‘무’는 천지가 나뉘기 전의 혼돈 상태를 가리키고 ‘유’는 만물 본원을 가리킨다. 따라서 ‘무’와 ‘유’는 세계 발생 과정의 두 가지 단계를 가리킨다.”

이 세 학자들의 견해가 모두 ‘유’와 ‘무’를 왕보와 달리 동일한 차원에서 다루고 있다는 점에서는 나의 의견과 같으나, 만물 발생을 가능하게 하는 어떤 실체로서의 ‘도’의 존재를 인정하고, 그 ‘도’의 작용상의 두 측면으로 인식하는 점에서는 나와 다르다.

내가 보기에 노자에 있어서 우주 발생 내지는 존재를 직접적으로 설명하는 범주는 ‘유’와 ‘무’이고, ‘도’는 이 두 범주로 대표되는 대대(待對) 범주들이 상호 관련 속에서 존재하고, 이 대대 범주들이 서로 교직되어 우주가 구성되고 존재한다는 원리를 나타내는 범주이다. 바로 이어 제2장에서 이 점이 잘 드러나 있다. 즉 세계는 ‘유(有)’와 ‘무(無)’, ‘난(難)’과 ‘이(易)’, ‘장(長)’과 ‘단(短)’, ‘고(高)’와 ‘하(下)’, ‘음(音)’과 ‘성(聲)’, ‘전(前)’과 ‘후(後)’ 등과 같은 대대 범주들의 상호 관련으로 이뤄져 있는데, 이것이 바로 우주를 지배하는 원리(“恒”)라는 것이다. 세계가 이런 원리를 따라서 이루어져 있음을 바로 ‘도(道)’로 나타낸다. “도가도비상도(道可道非常道)”라는 말로 ‘도’의 비본질주의적 속성을 말한 후, 노자는 우주 존재를 설명할 수 있는 가장 기본이 되는 두 범주 즉 ‘유’와 ‘무’를 같은 차원에서 제시하고 있다. 당연히 ‘도’는 자신의 존재를 확정하는 배타적인 고유한 성질을 가지는 ‘명(名)’과 같은 ‘어떤 것’이 아니다. ‘도’는 세계가 어떠하게 이루어져 있다는 가장 기본이 되는 원리를 나타내는 것이기 때문에, 그것은 어떤 본질적인 내용을 담고 있는 '어떤 것'일 수 없고, 그래서 그것은 텅 빈 것으로 묘사될 수밖에 없다.[3] 그러나 '도'는 가장 근본적인 의미에서 이 우주 전체를 지배하는 원리이기 때문에 그 작용은 무한광대하다. 즉 우주의 어떤 작용도 대대 범주들의 상호 관련과 반동적인 힘에 의해 이루어진다는 기본 원리를 벗어나 있지 않기 때문이다.

'유'와 '무'를 만물이 발생되어 나오는 '도'의 두 가지 특성으로 보는 견해는 '도'를 아르키메데스의 점이나 우주의 기점(stating point)처럼 취급한다.[4] 이런 견해에 의하면 노자가 말하는 "유생어무(有生於無)"는 "'유'는 '무'에서 생겨난다"로 해석된다. '생(生)'자를 '발생' 혹은 '생산'의 의미로 보는 것이다. 이런 견해를 가진 사람들도 사실 앞에서 '유'와 '무'를 동일한 차원에서 이해하는 모습을 봤다. 그러나 '무'와 '유'를 무형질에서 유형질로의 운동 과정의 두 특성으로 본다고 할 때, 동일한 층차에서 다룬다고 하더라도 필연적으로—최소한 논리적인 차원에서라도—'무'의 선재성을 인정할 수밖에 없다. 그러나 '유'를 '무'에서 생겨나는 것으로 본다면, 적어도 그것이 노자의 이론 체계에서는 전체적인 맥락을 거스르는 것이다. 앞에서 말한 대로 노자 『도덕경』의 가장 기본이 되는 논리는 대대 범주들 간의 상호 관련 내지는 의존 혹은 상대 범주로의 운동이기 때문이다. 짝이 되는 두 범주 사이에서 어떤 하나의 범주가(예를 들어 '고') 반대편의 다른 범주(예를 들어 '하')의 존재 근거가 되는 것이지 발생 원인이 되는 것은 절대 아니다. 사실 『도덕경』에서의 '생(生)'자에는 '발생'

---

3 "道, 沖而用之, 或不盈."(『道德經』 4) "淵兮似萬物之宗, ……湛兮似或存"도 '도'가 '어떤 것'으로서 존재하는 것 같지만("似") 사실은 그렇지 않음을 나타낸다. 그것은 '도'가 우주의 운행이나 구성 원리가 어떠어떠하다는 것을 나타내주는 것일 뿐, 어떤 근원이나 실체는 아니기 때문이다.

4 이런 관점은 일반적으로 『도덕경』에 나오는 "有生於無"나 "道生一, 一生二, 二生三, 三生萬物"이라는 구절을 근거로 한다.

혹은 '생업'의 의미가 그렇게 강한 것 같지 않다. 나는 '생'자를 '생장' 혹은 '생육'의 의미,[5] 즉 어떤 존재를 생육시키고 생장시키며 나아가 공존한다는 의미로 이해한다.[6]

이제 "도생일, 일생이, 이생삼, 삼생만물"을 보자. 일반적으로는 이 구절을 노자 우주 발생론을 설명하는 하나의 전형 즉 단일성의 '도'에서 다양성의 구체 사물로 진행되는 발생론으로 간주한다. 그런데 이 구절을 우주 발생론 모형으로만 볼 경우, 이 문장 자체에 모순이 내재할 수밖에 없다. 왜냐하면, 노자 철학에서 '일(一)'은 숫자적으로 '도'를 표시한 것으로서 이 둘은 같은 의미라고 할 수 있다. 그렇다면 어떤 것이 어떻게 그 자신을 발생시킨다고 말할 수 있겠는가? "일생이, 이생삼(一生二, 二生三)"은 "혼돈 미분한 통일체가 음양(陰陽)이라는 두 기(氣)를 발생시키고, 음양의 교감으로 제3의 것 즉 구체 사물이 발생된다"고 해석하는데, 그렇다면 어떻게 또다시 "삼생만물(三生萬物)"이 필요하겠는가? '생'자를 단순히 '발생'이나 '생산'의 의미로 쓸 때, 이 문장 자체에서 벌써 문제가 노출된다. 우리는 이 점에 관해서 탕이지에(湯一介) 교수의 의견을 참고할 필요가 있다. 탕 교수는 이곳의 '생'자를 '생출'이나 '생성'보다는 '성취'로 해석하여 이 구절을 "보편적인 원칙인 '도'가 있어야 이 보편 원칙에 근거해서 통일적인 천지 만물이 있을 수 있다……"로 이해한다.[7] 게다가 노자 철학

5 『漢語大字典』 제4권(四川辭書出版社, 湖北辭書出版社, 1988년, 中國), 2575쪽.

6 예를 들어 『管子』 「四時」의 "道生德, 德生正, 正生事"에 있는 '生'자도 '發生'이나 '生産'의 의미로 볼 수 없다. 만일 그것을 '發生'이나 '生産'의 의미로 본다면, 같은 편에 있는 "德者, 道之舍, ……故道之與德無間, 故言之者不別也"라는 구절과 모순이 되지 않을 수 없다. 만일 시간적으로 서로 멀지 않은 때에 나온 『道德經』의 "有生於無"와 『文子』 「道原」의 "有名産於無名"을 비교해본다면 '生'字와 '産'字 사이의 당시 용법상의 다른 점을 쉽게 짐작할 수 있을 것이다.

7 湯一介, 『儒釋道與內在超越問題』(江西人民出版社, 1991年, 南昌 中國), 15쪽.

에서 '일'은 '유일성'이나 '단일' 내지는 '동일성'을 의미하는 어떤 존재를 의미한다기보다는 '일'자 안에 이미 '이중성'을 내포하고 있으며, 이런 이중성의 호보상생(互補相生)하는 성질은 구체적인 사물에 체현된다.

> 언제나 '무'를 가지고는 그 묘함을 드러내려 하고, '유'를 가지고는 그 구체적인 것을 드러내려 한다.(常無, 欲以觀其妙, 常有, 欲以觀其徼)

여기서 노자는 '유'와 '무'의 의미를 더욱 명확히 설명하고 있다. '무'를 가지고는 보이지 않거나 없는 상태를 나타내고, '유'를 가지고는 구체적으로 드러나 있는 상태를 나타낸다. 이 둘 사이에는 순서상의 차이가 없다. '묘(妙)'는 '미(微)'의 의미인데,[8] 노자는 "만지려 하지만 만져지지 않는 것을 '미'라고 한다".[9] '무'의 묘한 성질이 "보아도 보이지 않는(視之不見)" 영역을 표시함을 알 수 있다. '요(徼)'는 '명(明)'의 의미로서 밝고 구체적으로 드러난 영역을 가리킨다. 그래서 마왕퇴(馬王堆) 백서본(帛書本)에서는 '교(皦)'로 되어 있는데 같은 의미이다. 주의할 것은 『도덕경』에서는 광명과 암흑이 연용(連用)된다는 점이다. 예를 들면 27장의 "요묘(要妙)"나 36장의 "미명(微明)" 등이 그렇다. 이런 것도 '유'와 '무'의 상호의존성이나 관련성을 잘 드러내는 것들이다. 이 두 가지('유'와 '무')는 전체 세계를 구성하는 가장 기본이 되는 두 조건이다.('도'의 두 가지 특성이 아니다.)

---

8 "微, 妙也." 成玄英, 『道德經義疏』 14章; "微, 隱密也." 成玄英, 『道德經義疏』 36章; "妙, 微之極也." 王弼, 『老子注』 36章.

9 "搏之不得名曰微." 『道德經』 14章.

이 두 가지는 같이 나와서 공존하면서도 이름을 달리한다. 같이 공존하는 것, 그것을 아주 오묘하다 하는 것이다.(此兩者, 同出而異名, 同謂之玄)

여기서 '두 가지'란 '유'와 '무'이다. 어떤 사람들은 '동출(同出)'을 "둘 다 모두 '도'에서 나왔다(同出于道)"고 하는데, 내가 보기에 '동출'은 존재론적 의미에서 선후가 없다는 "동시에 존재한다"는 의미이다. 노자가 보기에 세계는 '유'와 '무'를 대표로 하는 대대 범주가 마치 새끼줄 모양처럼 서로 꼬여("繩繩") 이루어진다. 세계가 이렇게 이루어졌다는 사실과, 세계는 그렇게 이루어진다는 원리를 '도'로 표현한 것이다. 그래서 '유'와 '무'는 한 새끼줄 안에 공존한다.

이제 몇 가지 구절을 더 골라 '도'의 실재적인 의미를 살펴보자. 먼저 14장을 본다.

그 위는 구체적으로 드러나지 않고 그 아래는 어둑하지가 않으며 마치 새끼줄이 꼬인 것처럼 교차되어 있어 하나의 명칭으로 부를 수가 없다. 아무것도 없는 모습으로 되돌아가므로 그것을 구체적인 모습이 없는 모습이라 하고, 아무것도 없는 상태이므로 황홀이라 한다.(其上不皦, 其下不昧, 繩繩不可名, 復歸於無物, 是謂無狀之狀, 無物之狀, 是謂恍惚)

'교(皦)'와 '매(昧)'는 제1장에 나오는 '요(徼)'와 '묘(妙)'이다. 14장의 내용을 보면, '유'('徼' '皦')와 '무'('昧' '妙')로 대표되는 대대 범주들이 마치 새끼줄이 꼬이듯 교직("繩繩")되어 세계를 구성함을 알 수 있다. 이 교직의 형식은 어떤 본질적인 내용을 갖지 않기 때문에 어떤 확정적인 내용으로 자신의 본질을 나타내는 그런 대상이 될 수 없다. 그래서 개념화해서 지칭할 수 없다("不可名"). 그것(道)은 작용만 있고 내용이 없는 형식 개념 내지는 관계 개념이기 때문에 '어떤 것'일 수가 없다("復歸於無物"). 그런데 이 '도'는 있다고 할 수도 없지만 또 없다고 할 수도 없다. 왜냐하면 마치 없는 것 같지만, 모든 만물이 '도'라는 이 가장 기본적인 형식 내지는 원리를 바탕으로 해서 발생하기 때문이다. 또 있다고 할 수도 있지만 또 없다고 할 수도 있다. 왜냐하면, 이렇게 보면 마치 있는 것 같지만 그것이 어떤 배타성을 갖는 본질적 내용을 담고 있는 '어떤 것'은 아니기 때문이다. 왕보는 '도'의 이런 특징을 그의 『노자주(老子注)』에서 잘 표현하고 있다. 즉 "없다고 하고 싶지만 만물이 모두 그것을 바탕으로 해서 생겨난다. 있다고 하고 싶지만 또 일정한 형체가 없다. 그래서 노자가 '무상지상, 무물지상(無狀之狀, 無物之狀)'이라 한 것이다." 14장은 대체로 '도'의 모습을 형용한 것인데 노자는 '도'에 대한 이런 형용을 '황홀(恍惚)'이란 말에 귀결시킨다. 성현영(成玄英)이나 허따오취엔(何道全)은 '도'를 '유'나 '무' 혹은 '비유(非有)'나 '비무(非無)'로 확정할 수 없기 때문에 '황홀'이란 용어를 사용한 것이라 한다.

나의 이런 견해에 반대하는 사람들은 25장에 나오는 "천지에 앞서서 생겼다(先天地生)"거나 "독립적으로 존재하여 달라질 수가 없다(獨立不改)"는 표현을 가지고 '도'를 현상계를 초월한 최고의 실체로 보는데, 내 생각으로는 "천지에 앞서서 생겼다(先天地生)"는 것은 '도'가 천지를 생산한다는 발생론 모형이 아니라 '도'가 '천지'로 하여금 존재할 수 있도록 하는 선험적 조건임을 가리키는 표현이다. '도'는 선험적인 존재 형식을 말하는 것이기 때문에 형체가 없다("寂兮寥兮"). '도'는 형체가 없기 때문에 거기에 맞는 구체적인 어떤 사물과 짝을 맞출 수 없다("獨立"). '도'는 본질적인 내용을 갖지 않는 형식이기 때문에 무소부재하다("周行").

총괄하면, 노자는 짝이 되는 두 범주들이 서로 교차적으로 짜여서 세계가 이루어진다고 보고, 세계가 이렇게 이루어져 있다는 사실 내지는 세계를 이루는 그러한 원리를 '도'라고 이름하였다. '도'는 '어떤 것'으로서가 아니라 이 우주의 가장 기본이 되는 원리로서 존재한다. 그런데 대립적인 범주들끼리의 짜임은 어떤 운동력에 의해서 진행되는데, 노자는 그것을 '반(反)'이라고 부른다. 즉 세계에 있는 모든 것 혹은 가치 내지 명분은 모두 '반'이라는 운동력을 매개로 반대편을 향해 존재를 변화시키고 있다고 보는 것이다. 이런 운동력이 조건이 되어, 어떤 것도 그것 자체의 배타적인 본질을 근거로 자신의 존재성을 확보하는 것이 아니라 오히려 그 대립면과의 관계 속에서 자신의 존재가 확보되는 것이다. 그래서 각자의 존재 내지 가치 혹은 명분은 그 자체의 본질을 근거로 존재한다기보다는 대립면과의 관계 속에서 존재한다고 할 수 있다. 이것은 각각의 존재나 명분 혹은 신분이 각자의 본질적 내용을 근거로 자신의 존재성을 확보한다고 보는 공자의 사상과는 반대되는 형국을 형성한다. 즉 당시 신분 질서의 붕괴로 야기된 사회적 변화를 '혼란'으로 받아들이는 공자와 '변화'로 받아들이는 노자 사이에 다른 세계관이 형성되었을 것이고, 그것은 정반대되는 정치 형태를 지향하게 되었다.

결론

노자는 현실의 역사를 도외시한 채 자신의 안일만을 추구하는 은둔자가 아니었다. 공자가 지향하는 정치 형태가 지배자인 군자들의 도덕적 자각에 호소하면서 규범이나 신분이 정해진 대로 그 신분 질서에 맞는 일정한 행위 규범을 준수함으로써 사회 질서를 유지하려고 했다면, 노자는 이런 정해진 신분 질서나 그 신분 질서에 맞는 행위 규범의 준수보다는 인간의 순수성이나 생명력이 유지되는 정치 형태 즉 인위적으로 정해진 질서에 맞추어진 정치가 아니라 "백성들이 스스로 교화되는(民自化)" 정치 형태를 지향했다. 교육이나 '예'로 인간의 행위를 조절하려는 공자식의 유가와는 분명히 다르다. 구분된 '예'를 잘 알고 실천하는 지혜나 성인의 모델을 버려야 백성들의 삶이 더욱 번성한다고 보거나, 인의의 덕목을 버려야 오히려 효자의 심성이 잘 발휘된다고 보는 노자의 사상은 성격상 공자의 그것과 정면으로 반대되는 모습이다. 노자는 성인의 지혜나 인의를 모두 버리고 그것이 덕목이 되기 이전에 인간에게 있던 소박함을 유지해야 한다고 본다. 이런 행위 원칙이 바로 자연 무위인 것이다. 노자가 '자연'이라는 개념을 제시한 것은 누구든 계급적 요구에서가 아니라 모두 자신의 필요에 따라 자신의 천성을 발전시킬 수 있도록 허락되어야 함을 주장하기 위해서이고, 또 각각 다른 욕구들이 조화와 평형을 이룰 수 있도록 '무위' 라는 관념을 내놓았다. 노자가 자연 무위라는 관념을 정치에 운용하는 것은 백성들로 하여금 최대의 자주성을 가지고 각자의 특수성을 발전시킬 수 있도록 하기 위해서인 것이다. 상하의 차등을 인정하고 그 차등이 유지되는 정치 형태를 지향하는 유가에 대항하여, 노자의 철학은 그런 차등의 유지를 자연 질서에 위배되는 것으로 본다. 그리고 이런 차등을 유지하기 위해 제시된 여러 제한적인 덕목들 안에 인간을 한정시키는 것이 아니라 인간들의 자연성이 유지되고 발휘되는 사회상을 도모한 것이다.

정명론을 기본 논리로 하는 공자의 철학은 본질 중심주의적이라고 할 수 있고, 이런 본질 중심주의적 사고 체계에서는 효율적인 본질 확인과 본질 확장이 요청된다. 이런 사고를 기반으로 하는 이론 체계에서 주장하는 국가의 모습도 당연히 중앙집권적이며 일사불란한 통일성을 유지하려 하고 또 국가의 확장이 필연적인 사명으로 자리 잡는다. 노자가 살던 당시에는 농업 생산력의 발달과 철기의 사용에 힘입어 점차 대규모 국가의 탄생이 추동되었고, 이런 추세는 강성한 나라가 약한 나라를 겸병(兼倂)하면서 국가는 통일과 대형화의 방향으로 나아가게 되었다. 그 후 유학이 철학적 내용의 상대적 빈약함에도 불구하고 지속적으로 사상사 전면에서 발전할 수 있었던 것은 아마 당시 국가 체제의 발전 추세와 잘 맞아떨어지는 철학이었기 때문이었을 것이다. 노자는 국가가 이렇게 확대되는 것을 반대했다("小國寡民"). 노자가 보기에 국가의 확대는 바로 끝없는 전쟁을 유발하고, 국가는 전쟁을 수행하기 위하여 가렴주구 등 백성들의 실질적인 이익을 보장하는 차원과 멀어지게 된다. 앎(智)이나 인의(仁義) 등의 덕목도 모두 국가의 확장이라는 목적에 충실하도록 운용되어, 오히려 인간을 교활하고 사악하게 만드는 데 도움을 줄 뿐, 자연을 이해하고 인간들이 서로를 이해하며 아끼고 사는 삶의 방식을 형성하는 데에는 아무런 도움을 주지 못한다는 것이다. 또 대통일이라는 정해지지 않은 날의 '이상'을 위해 인간이 지금 당장 누릴 수 있는 행복을 유보해야 하고, 인간이 우주적 차원에서 이해되고 가치를 보장받는 것이 아니라, 인위적으로 정해진 척도에 따라 가치를 부여받는다. 자연법칙에 순응하고 원시의 생명력을 보장받으며 사는 소박한 삶의 방식 대신, 국가에 복종하고 군주에 충성하는 인위적인 법칙을 강요받게 되는 것이다. 노자가 보기에 이것은 본래적인 삶을 버리고 엉뚱한 목적을 향해 나아가는 것으로서, 우리가 피해야 할 것이다.

나는 공자와 노자의 이런 차이를 본질주의와 비본질주의로 구분하고자 한다. 본질주의적 이론은 동일률을 근거로 한다. 동일률은 "A = A"라는 형식으로 표현된다. "A = A"라는 동일률의 형식은 'A'는 'B'나 'C'가 아니며, 'A'는 'B'나 'C' 등과 달리 'A' 자체에만 배타적으로 있는 성질이 있음을 인정하는 것이며, 우리는 그것을 본질이라고 한다. 본질의 특성은 배타성이자 영속성 내지는 불변성이다. 따라서 본질주의적 이론의 임무는 이 본질을 파악하는 것이며, 파악된 본질은 보존되고 확장되어야 한다. 개인의 행위이든 국가의 정책이든 모두 이 본질을 향해 집중되어야 하며 그 본질에 효과적으로 접근하거나 확장하는 것이 개인 혹은 그 집단의 사명으로 자리 잡게 된다. 따라서 당연히 그 효율성을 극대화시키는 방법이 필요했다. 그래서 그 효율성을 극대화시킬 수 있는 '힘'이 숭상되고, 그래서 여성성보다는 남성성, 휴식보다는 노동, 여백보다는 꽉 채움, 차가움보다는 뜨거움, 분산보다는 통일, 야성보다는 문명성, 소극성보다는 적극성, 무질서보다는 질서, 타아보다는 자아, 무지보다는 지식, 정체보다는 퇴보, 차가운 관조보다는 뜨거운 열정 등이 강조되는 문화를 형성하게 되는 것이다. 유가의 성격이 대개 이렇다. 유가의 본질주의적 특성을 나타내주는 공자의 논리가 바로 '정명론(正名論)'인 것이다. 그렇지만 노자는 이와 반대다. 노자 철학이 비본질주의적임은 앞에서 장황하게 설명하였다. 노자는 모든 것을 그것이 가지고 있는 '본질'을 근거로 파악하는 것이 아니라, 관계의 틀이나 전체 우주적 차원에서 이해한다. 노자에 의하면 'A'는 '비(非)A' 때문에 존재하고 의미가 있게 된다. 그러기 때문에 노자의 철학은 수직적이라기보다는 수평적이고, 직선적이라기보다는 순환적이며 본질적이라기보다는 해체적이다. 따라서 노자의 이론 체계에서는 공자류의 이론에서 간과되었던 것들이 오히려 중심적 의미로 자리 잡게 된다.

텔레비전과 샤머니즘, 신화 그리고 내러티브

황인성

커뮤니케이션학부

이 글의 목적은 넓게 보면 '텔레비전'이라는 문화물의 현실 구성 메커니즘 연구를 위해 취할 수 있는 몇 가지의 방법론적인 관점에 대하여 생각해보기 위한 것이다. 구체적으로는 특히 텔레비전 '언론'의 의미 창출 시스템에 관한 연구를 위해서 왜 샤머니즘 → 신화 → 내러티브(서사)라는 생각의 변화를 갖게 되었는지 이야기하고자 한다. 텔레비전 연구를 위한 방법론적 관점에는 보편타당한 한 가지 정답만 있는 것이 아니다. 누구든 각자의 관심과 초점에 따라 다양한 관점의 다양한 방식으로 연구에 임할 수 있다.[1] 따라서, 필자가 이 글에서 제시하는 방법론적인 관점은 여러 가능성 중의 하나일 뿐임을 미리 밝힌다. 필자는 단지 이 글을 통해 텔레비전 연구에 관심이 있는 여러 동료들과 함께 필자가 개인적으로 경험하고 생각해온 내용을 함께 나누어보려는 것이다.

『문화의 해석(*The Interpretation of Cultures*)』(1973)으로 유명한 기어츠(C. Geertz)에 의하면, 문화는 역사적으로 전수되는 개념 체계로서 상징적인 형식들을 통하여 표현된다. 그리고 인간은 그러한 상징적 표현 활동을 통해 인생에 대한 지식과 태도, 가치 등을 교류하고 유지하며 변화시킨다. 이러한 기어츠의 문화 개념을 현대 사회에서 가장 영향력 있는 매체라고 할 수 있는 텔레비전에 적용하여 보면, 텔레비전 또한 다양한 상징적 표현 형식들을 통하여 특정한 의미나 가치를 표현함으로써 우리로 하여금 세상에 의미를 부여하고 그것을 이해하도록 하는 문화 형식의 하나이다. 텔레비전을 이와 같은 맥락에서 이해하다 보면 그것은 하나의 샤머니즘이며 신화적인 의식(儀式, ritual)이고, 나아가서는 결국 하나의

1 1976년 초판 출판 후 2006년 현재 일곱 번째 개정판이 나온 대표적인 텔레비전 비평·연구서인 Horace Newcomb 편집의 *Television: The critical view*(New York: Oxford University Press)를 보면 텔레비전과 관련하여 얼마나 다양한 관점의 연구들이 이루어지고 있는지 알 수 있다.

내러티브이다.

텔레비전과 샤머니즘

텔레비전 언론에 대한 사회학적 연구들을 살펴보면 많은 학자들이 그것을 하나의 '스토리텔링(story-telling)' 현상으로 보고 있다는 것을 알 수 있다. 그들의 논의에 공통적으로 깔려 있는 기본 전제에 의하면, 텔레비전 언론은 단순히 세상에서 일어나고 있는 사건들을 있는 그대로 전달해주는 소극적인 행위가 아니라 현실을 특정한 관점 내에서 정형화하는 적극적인 실천이다. 그리고 텔레비전의 스토리텔링에 관여하는 제작진과 시청자 등 모든 사람들은 하나의 '상징적 의식'에 참여하는 것과 다를 바 없다. 우리는 그러한 의식을 통해 현실의 의미를 규정하고 유지하며 변형시킨다. 이러한 맥락에서 상상해보면, 텔레비전 저널리스트는 그들에게 주어진 사회 문화적 상징 기능을 고려할 때 일종의 '샤먼(무당)'과 유사하며, 텔레비전 의식은 하나의 샤머니즘적 의식이다. 우리는 이러한 의식을 통해서 예측할 수 없는 낯선 일들로부터 발생하는 불안감이나 공포감을 상대적으로 익숙한, 예측 가능한 현실에 빗대어 극복한다. 이것은 상징적이며 상상적인 작업의 결과이다. 우리는 이러한 작업을 통해 혼란스러운 세상에 질서를 부여하고 그러한 질서 속에서 우리의 정체성을 구축하기도 하고 확인하기도 한다.

텔레비전 저널리스트를 '샤먼'이라는 은유적 개념을 적용하여 이해하려는 생각은 극히 소수이기는 하지만, 일부 사회학자 또는 커뮤니케이션 학자들에 의해 제시된 바 있다. 예를 들어, 커뮤니케이션 학자인 맨더(M.

S. Mander, 1987)는 현대 저널리스트의 기능을 샤먼의 기능에 비유하여 설명한다. 그는 저널리스트는 자신의 행위가 마치 마술과 같은 것처럼 행동하며, 그렇게 할 수 있는 이유는 그(녀)가 몸담고 있는 사회가 그(녀)에게 그러한 가장 행위를 요구하기 때문이라고 설명한다. 또한, 뉴스 프로그램의 리포터는 샤먼과 마찬가지로 사람들로부터 특정한 권위를 부여받은 공직자와 같은 공인이며 그 사람에 대하여 어떻게 신념을 가질 것인가의 문제는 그(녀)가 속한 사회에 달려 있다고 주장한다.

샤머니즘의 가장 기본적인 특징이 상징적인 언어를 사용하는 데 있다면 그것은 텔레비전이 다양한 상징적 장치를 사용하는 것과 다를 바 없다. 텔레비전의 막강한 힘은 바로 거기에서 시작된다. 만일 텔레비전 시청이 단지 시청자의 이성적 사고에 의해서만 이루어진다거나, 또는 텔레비전의 다양한 상징적 장치들을 통해 조작되는 기쁨, 슬픔, 또는 두려움과 같은 감정들이 시청자들 사이에 공유되지 않는다면 오늘날 우리가 알고 있는 그러한 텔레비전의 강력한 힘은 존재하지 않을 것이다. 우리는 이러한 상징 언어들을 이용하여 시공간적인 한계를 뛰어넘어 상징적으로 구성된 현실을 마치 실제 현실처럼 경험하게 되는 것이다.

이러한 맥락에서, 텔레비전을 둘러싼 우리들의 의식(儀式)은 샤머니즘과 같은 마술적인 힘을 발휘한다. 샤머니즘의 가장 중요한 특징으로 특별한 의식을 통해 시공간적 거리감을 해소할 수 있다는 점을 들 수 있다. 샤머니즘 의식을 통해서 구현되는 현실들은 현실적인 시공간을 벗어난 다른 시공간대에서 일어나는 사건들로 구성된다. 기우제를 지내며 춤을 추고 주문을 외우는 것은 미래의 비가 현재 의식(儀式) 속에 실제로 구현되는 것을 의미한다. 이러한 것은 텔레비전 의식과도 일맥상통한다. 텔레비전이라는 마술적 의식을 통하여 현재 구현하는 현실은 변형되어 다가온 미래의 현실인 것이다. 이러한 관점에서, 미드(M. Mead)와 같은 인류학자에게는 현대의 과학 기술도 일종의 마술의 결과에 불과하다. 왜냐하면, 오늘날 우리는 과학 기술을 통하여 우리가 원치 않는 일들은 피해가고 원하는 일들만 얻을 수 있기 때문이다. 과학은 현실을 변형시킬 수 있는 마술적인 힘을 가지고 있는 것이다.

텔레비전과 신화

한편, 실제 텔레비전을 연구하는 입장에서 텔레비전의 샤머니즘적 특징을 이해하는 것만으로는 텔레비전을 충분히 설명할 수 없음을 깨닫게 된다. 샤머니즘 이론이 텔레비전을 포함한 다양한 미디어 연구를 발전시키는 데 좋은 출발점이 되는 것은 분명하다. 하지만 샤머니즘 개념을 적용하여 텔레비전을 이해하려는 데는 이론적인 한계가 있어 보인다. 이를 좀 더 포괄적으로 이해하기 위해서는 샤머니즘을 포함하는 더욱 큰 개념인 '신화(myth)'라는 맥락에서 접근하는 편이 나을 것으로 판단된다.

샤머니즘에서 신화로의 방법론적 틀의 전환을 설명할 수 있는 배경으로는 근래 들어 매스미디어 연구 분야에 종사하는 많은 커뮤니케이션 학자들이 신화 이론의 다양한 측면에 더욱 관심을 갖기 시작했다는 것과 신화론 연구가 매우 방대하여 신화라는 큰 틀 안에서 샤머니즘을 이해할 수 있다는 사실을 들 수 있을 것이다.

신화에 대한 연구는 이미 고대 그리스에서 시작되어 다양한 변화를 거치면서 지금까지 이어지고 있다. 수많은 학자들이 오랫동안 이루어놓은 연구 결과를 토대로 신화에 대한 생각들을 간단히 정리해보면 다음과 같은 것들이 포함된다. 즉, 신화에 숨겨진 도덕적 가치를 발견하려 했던 고대 그리스 소피스트 철학자들의 신화에 대한 우화적(寓話的) 해석(allegorical interpretations), 그러한 우화적 해석을 거부하고 쾌락주의적 해석을 선택한 에피쿠로스파(Epicureanism), 신화는 단지 역사상의 인물들에 대한 상징적 이야기에 불과함을 주장하여 18세기 계몽 운동(the Enlightenment)과 현대 합리주의(rationalism) 사상 출현의 기반이 된 에우헤메리즘(Euhemerism)적 해석, 18세기 후반부터 19세기에 걸쳐 신화의 시적이고 자율적인 가치를 강조한 낭만주의적(Romanticism) 해석, 신화는 단지 허구적인 이야기일 뿐이나 우리의 과거와 현재뿐만 아니라 미래에도 언제나 우리의 생활과 함께하는 현실임을 주장하는 뒤르캥(E. Durkheim)과 말리노프스키(B. Malinowski)의 기능주의적 생각, 신화의 기원을 인간 심성의 원초적 영역에서 발견하려 했던 융(C. G. Jung)과 프로이트(S. Freud)의 심리학적 연구, 레비스트로스(C. Levi-Strauss)의 구조주의적 신화 분석, 마르크시즘적 관점에서 신화를 이데올로기의 개념으로 풀어내는 바르트(R. Barthes)식의 사회적 분석, 그리고 신화는 하나의 문화 형식으로서 자본주의가 만들어내는 상품으로 간주할 것을 주장하는 호크하이머(M. Horkheimer)와 아도르노(T. Adorno)식의 비판적 개념 등이 포함된다. 이러한 이론적 전통 중에서 현재의 신화적 텔레비전 연구 전통을 형성하는 데 중요한 영향을 끼쳤던 학자들로는 레비스트로스와 바르트, 그리고 매클루언(M. McLuhan)을 들 수 있을 것이다. 이들에 대하여 간단히 살펴보자.

신화 연구와 관련하여 볼 때, 레비스트로스의 구조주의는 낭만주의나 뒤르캥과 말리노프스키의 사회 기능주의적 연구와는 매우 다르다. 레비스트로스의 주요 관심사는 신화에서 발견할 수 있는 시적인 표현이나 신화의 사회적 기능보다는 신화의 의미를 가능하게 하는 논리적 심층 구조를 재구성하는 데 있었다. 따라서 그의 작업은 『날것과 익힌 것: 신화학 연구(*The Raw and the cooked: Introduction to a science of mythology*)』(1964)에서 지적하듯이 "신화라는 틀 안에서 사람들이 어떻게 생각하는가가 아니라, 사람들이 의식하지 못하는 사이에 신화가 어떻게 사람들 마음에 작용하는가"를 밝히고자 한 것이다.

레비스트로스의 구조주의적 신화 연구는 신화 내러티브를 구성하는 최소 구성 단위인 '신화소(mytheme)'들을 가려냄으로써 신화를 해체하는 작업으로부터 시작한다. 레비스트로스의 이론에 의하면, 신화 제작자는 신화소들을 체계적으로 엮어서 의미 있는 신화를 만들어낸다. 이러한 작업이 가능한 이유는 그 작업이 특정한 문화적 맥락 안에 깊이 새겨져 있는 구조적인 규칙들에 근거하여 이루어지기 때문이다. 그리고 이러한 기본적인 구성 단위들은 이항 대립 구조들로 조직화되며, 이 이항 대립 구조 속의 상대 개념들은 신화의 의미를 효과적으로 구축하는 데 매우 유효하다. 삶과 죽음, 남성과 여성, 선과 악, 밝음과 어둠 등은 바로 이러한 이항 대립 개념의 예로 들 수 있을 것이다. 극단적인 대립 사이에 발생하는 갈등은 제3의 매개체를 도입함으로써 해결되며, 그 예로는 뜨거움과 차가움 사이의 '따스함'이나 날것과 구운 것 사이의 '끓인 것' 등을 들 수 있다. 결국, 레비스트로스의 구조주의를 따르면, 신화의 진정한 의미는 사물 자체가 가지는 본질적인 가치에 근거하는 것이 아니라 특정 사회의 문화적 기준을 제대로 전달할 수 있는 구조에 달려 있다. 따라서 신화는 순수한 '사실(facts)'을 있는 그대로 재현한다기보다는 사실이라고 생각되는 것들을 변증법적으로 엮어내어 의미를 만들어내는 것이다.

한편, 레비스트로스의 연구는 신화에 대한 역사적인 분석이 결여되어 있으며, 따라서 그가 재구성한 구조적 패턴이 가지는 역사적인 의미에 대한 고려가 부재하다는 이유로 비판을 면치 못한다. 그러한 비판에도 불구하고, 그의 연구는 그 이전에는 상상조차 할 수 없었던 방식으로 신화를 읽어냈다는 점에서 커다란 기여를 하였으며, 그의 신화 연구 방식은 훗날 구조주의 대중문화 연구의 기반이 되었다. 간단히 정리해보면, 레비스트로스가 반복적으로 주장하듯 모든 신화는 변형(transformation)을 통하여 의미를 갖는다. 즉, 신화는 하나의 정적인 대상이 아니라 지속적으로 변형 과정을 통하여 전수되는 것이다. 특정한 신화의 다양한 변형 과정들이 여러 문화 체계 내에서 발견되는 것은 바로 이러한 이유 때문이다. 신화 구조에 대한 이러한 변형 과정을 연구한 레비스트로스의 작업은 다양한 문화 형식들을 통하여 재현되는 우리들의 현실을 통찰하는 새로운 안목을 열어주었다는 점에서 기여한 바가 지대하다고 하겠다. 이러한 맥락에서, 레비스트로스 이후 많은 학자들이 그 이전까지 일관되게 인식되어 오던 세계관을 거부하고 우리가 경험하고 인식하고 이데올로기적으로 개념화하는 현실을 해체하게 됨은 결코 우연이 아니다. 바르트는 그러한 맥락에서 이해될 수 있을 것이다.

현대 마르크시스트 사회 분석가 중 하나인 바르트는 신화를 정치 담론 영역 내에 위치시켰다는 점에서 매우 중요한 의미를 갖는다. 그의 논의는 특히 부르주아 이데올로기 비판에 초점을 맞추었는데, 그의 논의에 의하면, 신화는 이데올로기를 '탈(脫)정치화(depoliticize)'하고, 그로 인하여 현실적인 사회적 불균형이 은폐된다. 『신화학(*Mythologies*)』(1957/1972)에서 그는 현대 사회의 신화들을 분석함에 있어 신화가 우리로 하여금 신문, 영화, 예술 등을 포함하는 다양한 문화적 형식들이 구축하는 현실을 당연하고 자연스러운 것으로 수용하도록 강요하는 방식에 대하여 관심을 가졌다. 바르트에 있어서 신화의 핵심적인 기능은 "역사를 자연으로 변형시키는 것(to transform History into Nature)"이다. 신화는 특정한 역사적 맥락에서 제조된 현실을 환영적인 세상 이미지로 변형하여 자연화함으로써 사물/대상으로부터 모든 역사성을 빼앗고 우리로 하여금 그것이 어디로부터 온 것인지 의심하지 않고 단순히 자연적인 것으로 수용하도록 한다. 바르트에게 신화는 또한 "탈(脫)정치화된 언술(depoliticized speech)"이며, 이에 의하면 우리의 현실은 단지 인간의 행위와 투쟁의 산물일 뿐이다. 이러한 맥락에서, 신화의 주 기능은 현실을 역사로부터 멀리하고 본질을 은폐하여 우리에게 역사와 정치 나아가서는 갈등이 부재하는 세계를 제시함으로써 지배 이데올로기를 유지하는 데 기여하는 일이다.

요약하자면, 바르트는 신화를 부르주아 지배 계급이 그들의 지배 이데올로기를 재현하고 확인하고 보존하기 위한 수단이라고 주장한다. 바르트의 이러한 신화 개념은 전통적인 신화 개념과 일맥상통한 바 있다. 그것은 두 개념 모두 신화를 현상(現狀)을 유지하기 위하여 공동체 성원들의 사고와 행동 방식을 통제하는 수단으로 보고 있다는 점이다. 따라서 바르트에게 있어서, 현대 신화 연구의 목적은 다양한 문화 형식들을 통해 구축되고 제시되는 이데올로기들을 '탈(脫)신화화' 하는 데 있다.

이 글의 주제와 관련하여 볼 때, 레비스트로스와 바르트 이론의 핵심은 '메시지' 자체, 즉 텍스트의 내용적 차원은 더 이상 그들의 주요 연구 관심 대상이 아니라는 점이다. 그보다 중요하게 부각되는 것은 텍스트의 형식적 차원인 '매체(medium)'라 할 수 있다. "미디어는 메시지다(Medium is message)"라는 명구를 남기면서 특히 매체 자체의 중요성을 부각시킨 학자로 매클루언을 들곤 한다. 「신화와 매스미디어」(1959)라는 글에서, 매클루언은 매스미디어가 하나의 언어로서 또한 하나의 신화로서 현대 사회에서 어떻게 신화적인 역할을 하고 있는가에 대하여 논의하고 있다. 그의 논의의 핵심은, 매스미디어는 언어와 같은 새로운 커뮤니케이션 형식으로서 그것을 사용하는 사람들의 생각과 느낌 그리고 발화의 성격을 규정한다는 것이다. 그의 논의에 의하면, 매스미디어는 언어와 마찬가지로 하나의 메시지이며 그 효과는 그것의 내용보다는 형식에 의존한다. 결론적으로, 그는 매스미디어는 언어와 마찬가지로 하나의 '거시 신화(macromyth)' 라고 주장한다. 특히 매클루언은 현대 사회의 전파 매체와 관련하여, 텔레비전과 같은 대중 매체를 통하여 동시에 전달되는 정보들은 문자가 발명되기 이전 시대의 신화적 이미지들과 마찬가지로 우리로 하여금 많은 문화적 언어를 갖게 하며, 이러한 언어는 다양한 시공간적 영역들이 단 하나의 이미지나 상황 내에 압축적으로 수렴되도록 한다고 주장한다.

결국, 레비스트로스와 바르트 그리고 매클루언 등의 논의에 의하면, 텔레비전을 포함한 우리의 모든 문화 형식(cultural forms)은 하나의 신화적 '의식'이며 '실천'이다. 우리는 이러한 문화적 실천을 수단으로 하여 우리에게 알려지지 않은 미지의 현상을 이미 익숙한 현실 모습으로 변형하여 인식한다. 즉, 자연을 문화로, 신성한 것을 세속적인 것으로 변형하여 인식한다. 어떤 중대한 자연현상을 마주함에 있어 금방 그 정체를 파악하지 못하여 두려운 마음이 들게 되면, 우리는 그 문제를 직접 해결하지 못하지만, 간접적이나마 해결하기 위한 대안 방법을 필요로 하게 된다. 우리의 '신화적 사고'는 이미 알고 있는 현실 모습으로 변형된 상상적 이야기("as-if stories")를 통하여 문제 해결을 도모하도록 한다. 신화의 이러한 은유적 변형 기능 덕분에 우리는 익숙지 않은 미지의 세계에 의미와 질서를 부여하고, 그렇게 함으로써 익숙한 세계와 익숙지 않은 세계 사이에 존재하는 긴장으로부터 상징적으로 그리고 심리적으로나마 벗어날 수 있는 것이다.

텔레비전과 내러티브

이상의 논의를 통하여 우리가 배울 수 있는 점은 고대부터 현대까지 비록 다른 모습으로이지만 줄곧 존재해오는 신화에 대한 여러 가지 문제들을 풀어보려는 인간의 노력은 어떤 특정한 고정된 연구 주제에 대하여 인류가 생각할 수 있는 공통분모를 찾기 위한 작업이 아니었다는 것이다. 그보다는 오히려 우리들은 오랜 역사 동안 서로 다른 관심과 연구 주제를 가지고 신화의 다른 측면들에 대한 생각들을 펼쳐왔다고 할 수 있다. 다시 말해서, 신화에 대한 각 이론적 전통들은 신화의 본질에 대한 상이한 생각들을 논의한다기보다는 그들의 개별적인 관심에 따라 우주론적인, 시적인, 심리학적인, 기능주의적인, 또는 구조주의적인 관점에서 서로 다른 생각들을 논의했다고 하겠다. 하지만 그들의 연구 관점이 어떤 것이든 한 가지 공통점을 찾아본다면 그들의 논의는 모두 신화를 하나의 '이야기(story)' 또는 '내러티브(narrative)'로 보고 있다는 것이다. 즉, 신화적 실천은 시작과 중간 그리고 마감이 있는 특정한 이야기 사건을 다루고 있는 커뮤니케이션이라고 할 수 있다. 실제, 어떠한 신화든 또는 어떠한 문화물이든 그 안에 특정한 이야기를 지니지 않는 것은 생각하기 힘들다. 그리고 그 이야기는 우주에 관한 것일 수도 있고, 한 편의 시나 역사일 수도 있고 또는 정치나 예술 담론일 수도 있는 것이다. 신화학자인 머리(H. A. Murray)가 「신화와 신화 만들기(Myth and Mythmaking)」(1959)라는 논문에서 주장하듯이, 고대 그리스적인 관점에 의하면, "신화는 어떤 차별적인 질이나 특성을 지닌, 말이나 글로 작성된 내러티브 또는 이야기이다". 현대 사회의 텔레비전도 예외가 될 수는 없을 것이다.

한편, 그것이 어떤 이야기이든 소리나 글 또는 이미지 등 기술적인 수단을 통해서 표현되지 않는다면 그것은 이미 이야기로서의 자격을 갖추지 못한 것이라고 할 수 있다. 여기에서 잠시 신화와 신화의 재현에 대한 머리(Murray, 1959)의 생각을 살펴보자.

> 신화는 계속 되풀이되거나 또는 고유한 것으로 추정되는 사건(an event)(과거, 현재 또는 미래 속에서)이 감지될 수 있도록 극적으로 재현된 것이며, 그 사건에는 중요한 주제가 담겨 있는데 그것은 주로 우리의 마음속에 재현되지만(상상 속의 신화) 부차적으로는 말이나(이야기된 신화) 유사 행위(행해진 신화) 또는 어떤 예술 형식(투영된 신화)을 통하여 재현되기도 한다.

위의 논의를 조금 확장하여 생각해보면, 텔레비전 내러티브는 머리가 지적하고 있는 신화적 특징들을 지닌다. 텔레비전 내러티브는 하나의 커뮤니케이션 양식으로서 보통 일련의 사건들로 구성된 이야기(들)를 포함하고 있으며, 그것은 음향과 영상을 통하여 표현된다. 여기에서 심도 있게 논의할 수는 없지만, '내러티브'에 관한 어떠한 연구이든 그것은 항상 내러티브의 내용 자체에 관한 이야기(story) 차원과 문화적 맥락에서의 이해를 필요로 하는 담화(discourse) 차원에서 이루어져야 한다. 그리고 텔레비전은 기본적으로 다양한 음향 및 영상적 표현 수단에 의존하여 이야기를 만들기 때문에 텔레비전을 더욱 깊이 있게 이해하기 위해서는 소설과 같은 문자 텍스트와 달리 특히 담화 차원의 표현 방식들에 대하여 분석하는 작업이 필요하다.

어쨌든, 현대 문화물의 이야기와 담화는 상징적인 의식(儀式)을 통하여 구체화된다. 텔레비전은 현대 문화의 대표적인 상징적 의식 장치 중 하나이며, 그 의식을 통하여 우리는 세상을 이해하고 거기에 의미를 부여한다. 텔레비전 문화는 다른 전통적인 상징적 의식과 마찬가지로 한마음으로 뭉친 사람들의 집단적 참여를 요구하며 그 사람들이 하나의 공동체 의식에 도달하도록 한다. 나아가, 메시지 구조적인 측면에서 보면, 텔레비전은 클러크혼(C. Kluckhohn, 1959)이 지적하는 신화의 속성과 유사한 특성을 지니고 있음을 알 수 있다. 그의 논의에 의하면, 신화는 (1) 신화를 구성하는 요소들을 한 번이고 두 번이고 또는 세 번이고 복제하고, (2) 어디에선가 빌려온 신화를 기존의 문화가 강조하는 맥락에 맞도록 재해석하며, (3) 중심 주제를 끝없이 변형하고, 또한 (4) 복잡하게 꾸미면서도 정교화하는 과정을 통하여 작용한다.

결과적으로, 텔레비전을 하나의 신화적 내러티브 형식으로 파악하려는 접근 방식은 우리 관심의 초점을 텔레비전의 내러티브적인 속성에 맞추도록 한다. 프로프(V. Propp), 토도로프(T. Todorov), 채트먼(S. Chatman), 주네트(G. Genette), 리먼 케넌(S. Rimmon-Kenan) 등과 다양한 내러티브 이론가들의 논의를 종합적으로 살펴보면, 무엇보다도 먼저 하나의 '이야기(story)'는 계열체(paradigmatic)와 통합체(syntagmatic) 양 차원에서 이해되어야 함을 알 수 있다. 계열체 차원에서만 이야기를 분석하게 되면 이야기를 꾸미고 있는 각 요소들을 따로따로 이해하게 되어 결과적으로는 충분히 그 이야기를 이해했다고 할 수 없다. 이야기를 제대로 이해하기 위해서는 각 요소 중심으로 분석하기보다는 다양한 이야기 요소들이 엮어져 하나의 의미 있는 통합체를 이루도록 하는 '관계(relations)' 차원에서 분석하는 작업이 요구된다. 대부분의 텔레비전 내러티브 연구들은 계열체적인 차원의 연구에 치중하여 통합체적인 차원의 맥락에 큰 관심을 갖지 않았다. 특히 통합체적인 차원의 의미 구축은 특정한 문화적 '맥락(context)', 즉 문화적 규칙이나 관습과 매우 긴밀한 관계 속에 이루어진다.

지금까지 텔레비전 연구를 위한 틀걸이로서 어떻게 샤머니즘에서 신화로, 신화에서 내러티브로 이동하게 되었는가에 대하여 간단히 살펴보았다. 결과적으로는 '내러티브'라는 좀 더 포괄적인 개념을 기반으로 텍스트 내용 자체에 집착하기보다는 그 내용이 표현되는 담화 수준의 분석이 필요하다는 것을 논의한 셈이다. 한편, 지금까지 논의한 접근 방식에는 분명 허점이 있다. 그것은 아마도 구조적인 차원에 비중을 두다 보면 실제 내용과 관계되는 가치 차원의 논의가 간과되어 반쪽짜리 연구가 될 위험 소지가 있다. 따라서 텔레비전을 신화적인 내러티브로 규정하고 그로부터 어떤 심층 패턴을 추출해내는 작업은 결국 그러한 패턴이 우리의 일상 경험 세계 속에서 지니게 되는 의미 문제와 접목되어야 할 것이다.

참고문헌

Barthes, R., Myth today. In R. Barthes, *Mythologies*(A. Lavers, Trans.), New York: Hill & Wang, 1972(Original work published 1957)(롤랑 바르트 지음, 정현 옮김, 『신화론』, 현대미학사, 1995).

Geertz, C., *The interpretation of cultures: Selected Essays.* New York: Basic Books, 1973(클리퍼드 기어츠 지음, 문옥표 옮김, 『문화의 해석』, 까치, 1998).

Kluckhohn, C., Recurrent themes in myths and mythmaking, *Daedalus, 88*(2), 1959, pp.268~279.

Levi-Strauss, C., *The raw and the cooked: Introduction to a science of mythology. Vol. 1*, J. & D. Weightman, Trans., Chicago: The U. of Chicago Press, 1983(Original work published 1964).

Levi-Strauss, C., *Structural anthropology*, C. Jacobson, & B. G. Schoepf, Trans., New York: Basic Books, 1963(Original work published 1958).

Mander, M. S., Narrative dimensions of the news: Omniscience, prophecy, and morality, *Communication, 10*(1), 1987, pp.51~70.

McLuhan, M., Myth and mass media, *Daedalus, 88*(2), 1959, pp.339~348.

Murray, H. A., Introduction to the issue

“myth and mythmaking”, *Daedalus, 88*(2), 1959, pp. 211~222.

Newcomb, H., Television: *The critical view.* New York: Oxford University Press, 2006.

필자소개

류동춘
- 서강대 중국문화학과 교수. 중국어학 전공.
- 주요 저서로 『중국어학개론』(2000), 주요 논문으로 「관우조선말 문자학 저작 『설문해자익징』」(2007), 「한자 체계 형성 과정에 대한 소고」(2007) 등이 있음.

류석진
- 서강대 정치외교학과 교수. 정치 경제 전공.
- 주요 저서로 『한국의 통상 협상』(1997), 주요 논문으로 「금융 자유화의 정치: 1980년대 한국 사례를 중심으로」(2005), 「정보화와 동아시아: 지역 협력의 가능성과 한국의 대응을 중심으로」(2005) 등이 있음.

송효섭
- 서강대 국어국문학과 교수. 고전문학 전공.
- 주요 저서로 『근대의 끝에서 다시 읽는 문화』(2006), 『탈신화 시대의 신화들』(2005), 『초월의 기호학: 뮈토스와 로고스로 읽는 삼국유사』(2002) 등이 있음.

이정훈
- 서강대 국어국문학과 교수. 국어문법론 전공.
- 주요 논문으로 「한국어 접속문의 구조」(2008), 「국어 어미의 통합 단위」(2007), 「한국어 오른쪽 교점 인상 구문의 도출: 이동과 생략」(2007) 등이 있음.

전상진
- 서강대 사회학과 교수. 교육사회학 전공.
- 주요 저서로 『현대 사회의 이해』(2008), 주요 논문으로 「한국 후기 청소년 세대의 발달 경로와 성장 유형」(2006), 「청소년 연구와 청소년상」(2006) 등이 있음.

정유성
- 서강대 교육문화학과 교수. 사회교육학 전공.
- 주요 저서로 『따로와 끼리: 남성 지배 문화 벗기기』(2001), 『평생교육학: 동향과 과제』(2001), 주요 역서로 『우리는 어떤 세상에 살기 원하는가』(2005) 등이 있음.

정재현
- 서강대 철학과 교수. 중국 고대 철학 전공.
- 주요 저서로 『중국 철학』(2007), 『21세기의 동양 철학: 60개의 키워드로 여는 동아시아의 미래』(2005), 『논리와 사고』(2002) 등이 있음.

최기영
- 서강대 사학과 교수. 한국 근대사 전공.
- 주요 저서로 『한국사 연구 50년』(2005), 『한국 근대 계몽 사상 연구』(2003), 『식민지 시기 민족 지성과 문화 운동』(2003), 주요 논문으로 「한말 이준의 정치 계몽 활동과 민족 운동」(2007) 등이 있음.

최진석
- 서강대 철학과 교수. 중국 도가 철학 전공.
- 주요 저서로 『중국 철학』(2007), 『노자의소(老子義疏)』(2007), 주요 논문으로 「동아시아에 있어서의 공복의 사상」(2007), 「도교의 생사관」(2006) 등이 있음.

황인성
- 서강대 신문방송학과 교수. 영상 제작 및 이론 전공.
- 주요 저서로 『텔레비전 문화 연구』(1999), 주요 역서로 『아시아의 텔레비전: 텔레비전 산업과 프로그램 포맷, 그리고 세계화』(2005), 주요 논문으로 「미셸 푸코 재고찰」(2007) 등이 있음.

현대 사회와 인문학적 상상력 II 현대인문세미나

초판 1쇄 발행 | 2008년 8월 30일
4쇄 발행 | 2016년 8월 17일

편 자 | 서강대학교 국제지역문화원
발행인 | 유기풍
편집인 | 우찬제
발행처 | 서강대학교 출판부
디자인 디렉션 | Project 409
판매 · 유통 | 서강하우

주 소 | 서울특별시 마포구 백범로 35번지
전 화 | (02)705-8212
팩 스 | (02)705-8612
등 록 | 제313-2002-170호 (1978년 9월 28일)

ISBN 978-89-7273-136-8 93000

값 12,000원

* 잘못된 책은 구입하신 곳에서 바꿔드립니다.

* 이 책의 판권은 지은이와 서강대학교 출판부에 있습니다.
양측의 서면 동의 없는 무단 전재 및 복제를 금합니다.